# EXAMEN

## DU NOUVEAU PROJET DE LOI

### SUR LA

## CONTRAINTE PAR CORPS,

PRÉSENTÉ

## A LA CHAMBRE DES PAIRS,

LE 31 MARS 1829.

PAR M<sup>e</sup> COFFINIÈRES,

DOCTEUR EN DROIT ET AVOCAT A LA COUR ROYALE DE PARIS.

Paris,

IMPRIMERIE DE GAULTIER-LAGUIONIE,

HÔTEL DES FERMES.

1829.

# EXAMEN

## DU NOUVEAU PROJET DE LOI

### SUR

# LA CONTRAINTE PAR CORPS.

# EXAMEN

## DU NOUVEAU PROJET DE LOI

### SUR LA

## CONTRAINTE PAR CORPS,

### PRÉSENTÉ

## A LA CHAMBRE DES PAIRS,

### LE 31 MARS 1829.

## PAR M<sup>e</sup> COFFINIÈRES,

DOCTEUR EN DROIT ET AVOCAT A LA COUR ROYALE DE PARIS.

### Paris,

## IMPRIMERIE DE GAULTIER-LAGUIONIE,

HÔTEL DES FERMES.

1829.

# EXAMEN

## DU NOUVEAU PROJET DE LOI

### SUR

## LA CONTRAINTE PAR CORPS.

Dans l'exposé des motifs du nouveau projet de loi, monseigneur le garde-des-sceaux a cité ce passage de Montesquieu : « Si la loi doit faire plus de cas de l'aisance publique que de la liberté d'un citoyen, elle doit toujours préférer la liberté d'un citoyen à l'aisance d'un autre. »

Mais, en se pénétrant de l'ensemble des dispositions de la loi proposée, l'on est convaincu que ses rédacteurs ont, plus d'une fois, perdu de vue le principe professé par notre publiciste.

Une première question se présente sur cette matière importante ; et quoiqu'elle ait paru décidée d'avance à S. C. le garde-des-sceaux, peut-être sera-t-elle encore discutée à l'occasion de la loi nouvelle.

La contrainte par corps doit-elle exister comme moyen d'exécution de certains engagemens ?

Au mois de mars 1793, le principe abolitif de la contrainte par corps fut reconnu et voté, en quelque sorte, par acclamation.

Quelques années après, le rétablissement de la contrainte

par corps fut proposé au conseil des cinq cents et adopté à
la séance du 9 ventôse an **V**.

Quand la résolution fut présentée au conseil des anciens,
une vive opposition se manifesta contre son adoption.

«L'utilité de la contrainte par corps (disait Dupont de Ne-
mours, à la séance du 18 ventose) n'est qu'un vieux pré-
jugé qu'entretient l'ignorance. Quand un débiteur peut payer,
il s'empresse de le faire pour soutenir son crédit. Cette considération le détermine aux plus grands sacrifices. S'il ne
peut payer, que servira-t-il de le jeter dans une prison? L'on
n'y incarcérera que des besoins, car il faudra l'y nourrir:
on augmentera son impuissance, par la ruine de son crédit;
qu'on le laisse libre, au contraire; et par son travail, par ses
amis, il rétablira ses ressources. Vous pouvez bien faire des
lois qui oppriment les hommes ; mais elles seront des crimes
devant Dieu.»

MM. Lanjuinais, Tronchet, Regnier, Portalis et plusieurs
autres orateurs prirent part à cette discussion importante ;
et la résolution du conseil des cinq cents fut adoptée, à la
séance du 23 ventose, à une faible majorité.

Il convient de remarquer que ceux qui soutenaient le projet de loi ne s'accordaient pas sur le caractère de la contrainte
par corps. Les uns la considéraient comme une *peine* en-
courue par le débiteur qui manque à ses obligations; les autres comme un *mode d'exécution* de certains engagemens ;
et tandis que quelques orateurs prétendaient que l'on pouvait engager ses biens, sa personne et même sa vie, pour
garantie d'une obligation contractée; d'autres profonds ju-
risconsultes, notamment M. Portalis, ne pouvant admettre
un tel principe, soutenaient que le débiteur n'aliénait pas sa
liberté en se soumettant à la contrainte par corps.

On peut répondre en peu de mots aux assertions contra-
dictoires de ceux dont l'opinion prévalut à cette époque, et

sur laquelle on semble craindre d'engager de nouveau la discussion.

En premier lieu, la contrainte par corps ne peut être appliquée au débiteur comme une *peine*. Toute peine suppose un délit; et dans une foule de circonstances diverses, un homme peut se trouver hors d'état de régler ses engagemens, sans qu'on ait le droit de suspecter sa loyauté et sa bonne foi.

En second lieu, comme mode d'exécution de certains engagemens, la contrainte par corps est une mesure extrêmement rigoureuse; puisque la loi qui l'autorise sacrifie ce que l'homme a de plus précieux, sa liberté, à un misérable intérêt pécuniaire; et que l'emprisonnement, infligé au coupable comme une juste punition, devient ainsi le partage de celui qui n'a été que malheureux.

Ajoutons que la contrainte par corps n'atteint presque jamais le but qu'on s'est proposé, en l'établissant, *celui* de forcer un débiteur à remplir son obligation.

S'il s'agit d'une dette modique, et si le débiteur est pauvre, il subira la détention rigoureusement exigée, puisqu'il ne dépendra pas de lui de la faire cesser, en remboursant le créancier. Mais en recouvrant sa liberté, il ne se croira plus obligé à faire ses efforts pour satisfaire celui qui se montra impitoyable à son égard; et c'est ainsi qu'en faisant usage de la contrainte par corps, le créancier aura rendu lui-même son remboursement impossible, d'une part, en détruisant le crédit de son débiteur, d'autre part, en lui enlevant jusqu'au désir de se libérer.

A l'égard du millionnaire qui a eu le secret de se rendre insolvable, il trouvera presque toujours le moyen de se soustraire, par la fuite, à l'exercice de la contrainte par corps; et si le créancier parvient à s'emparer de sa personne, il calculera l'importance de la somme pour laquelle il est écroué, et pensera faire une excellente spéculation, lorsqu'en se ré- signant à vivre somptueusement en prison, pendant cinq an- nées, il se sera libéré de plusieurs millions.

Ainsi la mesure rigoureuse de la contrainte par corps est presque toujours inutile; et en pareille matière, une loi de- vient dangereuse par cela seul qu'elle est inutile.

En troisième lieu, il répugne d'admettre qu'un citoyen puisse engager sa liberté pour garantie des obligations par lui contractées.

Aussi la loi civile, alors qu'elle consacre en principe que tous les biens d'un débiteur sont le gage de ses créanciers, dispose qu'il est interdit à tout Français de consentir des actes qui le soumettraient à la contrainte par corps, hors des cas formellement autorisés par la loi (art. 2063 du Code civil).

Contradiction bizarre, un citoyen ne peut, par sa seule volonté, et en pleine connaissance de cause, se soumettre à la contrainte par corps, comme moyen d'exécution d'un engagement par lui contracté; et il s'y trouve soumis, souvent même à son insu, pour avoir apposé sa signature sur un acte rédigé dans une certaine forme.

« L'esprit du commerce ( a dit monseigneur le garde-des- sceaux, dans l'exposé des motifs) qui tend à réduire en va- leurs négociables non seulement les choses matérielles, mais encore les choses incorporelles, et qui cherche à mobiliser toutes les valeurs, ne pouvait manquer de faire entrer *dans la masse des capitaux dont l'homme peut disposer, sa liberté même* ; et ce capital devait être d'autant plus précieux, qu'il représente à la fois pour chacun ce que son travail peut fé- conder, et ce qu'il peut créer par son industrie. »

Il nous est impossible de partager cette singulière doctrine qui fait entrer la liberté des citoyens, dans la masse des ca- pitaux dont ils peuvent disposer.

A toutes les époques, la loi a considéré comme inaliènable ce qui n'est pas dans le commerce; et assurément la liberté n'a jamais été comprise au nombre des choses qui peuvent être achetées ou vendues. Cette proposition est si incontestable, que nous croyons inutile de recueillir ici les textes nombreux du droit romain, dans lesquels la liberté est qualifiée *res publica, res inæstimabilis.*

Les biens que le débiteur abandonne à son créancier ou dont celui-ci s'empare malgré lui, doivent lui assurer le moyen d'obtenir son paiement; et, pour que l'on pût comprendre la liberté au nombre de ces biens, ou de ces capitaux, il faudrait que le créancier pût en tirer parti lorsqu'il en prive son débiteur; qu'il pût en poursuivre la vente comme celle d'un objet mobilier ou immobilier, dont il se fait attribuer le prix, à valoir, ou jusqu'à concurrence de sa créance.

Un des argumens les plus concluans, aux yeux de ceux qui veulent maintenir la contrainte par corps, consiste à prétendre qu'elle a été établie chez les peuples les plus anciens, et que l'usage en est aujourd'hui général dans l'Europe moderne.

Cette assertion est du nombre de celles que l'on admet comme certaines, parce que chacun les répète sur parole; et il ne serait peut-être pas difficile d'établir que la contrainte par corps n'a pas été, comme M. le garde-des-sceaux l'a affirmé à la tribune de la chambre des pairs, adoptée par tous les peuples anciens et modernes.

Si l'on consulte la législation romaine, on reconnaît que les dispositions sévères de la loi des douze tables, sur cet objet, reçurent bientôt de notables améliorations; et que, dans le dernier état de cette législation, un débiteur ne pouvait jamais être contraint dans sa personne.

L'empereur Constantin n'a pas craint d'abroger à cet

égard une législation qui n'en était pas moins barbare, pour être ancienne, lorsqu'il proclama en principe que la prison devait être le séjour des coupables et des malfaiteurs, non de ceux qui se trouvaient hors d'état d'acquitter leurs dettes. ( L. 2, au Cod. de exact. trib. )

Aujourd'hui, la contrainte par corps n'existe pas en Portugal ; et cependant ce peuple est l'un de ceux dont les relations commerciales ont eu le plus d'extension en Europe et dans le Nouveau-Monde. Elle n'existe pas non plus dans les États-Unis ; et la législation anglaise n'en autorise l'exercice que dans des cas extrêmement graves.

Mais alors qu'il serait vrai que la contrainte par corps aurait toujours existé dans nos lois, il ne serait pas interdit d'examiner si elle doit être encore maintenue. Sans doute le législateur doit profiter de l'expérience du passé ; mais il peut essayer aussi de faire mieux que ses devanciers ; et si d'autres mœurs ou de nouveaux besoins appellent des modifications dans les principes consacrés jusqu'alors, on ne peut enchaîner la puissance du législateur, en lui opposant l'ancienneté des lois qu'il se propose de réformer.

Que l'on compare les principes consacrés aujourd'hui, soit par notre législation civile et criminelle, soit par les lois qui consacrent nos droits civils et politiques, et l'on reconnaîtra sans peine les nombreuses et importantes améliorations qu'elles ont reçues dans l'espace de quelques années.

Ainsi, dans notre législation civile, un partage égal de biens entre les enfans ; la publicité des débats dans notre procédure criminelle ; et, dans un autre ordre d'idées, le vote de l'impôt et l'égalité de tous devant la loi, sont autant de conquêtes de l'esprit du siècle sur des traditions que leur ancienneté semblait mettre à l'abri de toute atteinte.

Aujourd'hui, la liberté du citoyen est considérée comme

un de ses droits les plus précieux, dont il ne doit le sacrifice que lorsque l'intérêt public le réclame impérieusement. N'existe-t-il pas dès lors une contradiction choquante entre le respect que le législateur professe pour elle, et cette facilité avec laquelle on autorise un simple particulier à y porter atteinte, pour l'intérêt pécuniaire le plus modique.

La raison et l'humanité protestaient contre la barbarie des anciennes lois romaines, qui autorisaient les créanciers à réduire à la condition d'esclave le débiteur hors d'état de remplir ses engagemens. Cependant, l'intérêt personnel pouvait, sinon justifier, du moins expliquer la conduite d'un créancier impitoyable, qui, ne trouvant pas de biens à saisir entre les mains de son débiteur, cherchait à tirer parti de sa personne.

L'emprisonnement, qui emporte la privation absolue de la liberté, est bien une sorte d'esclavage ; mais, loin d'être utile au créancier, il lui devient plus d'une fois funeste, en enlevant au débiteur malheureux les moyens d'exercer son talent ou son industrie. Ainsi l'intérêt personnel ne peut servir de prétexte à l'exercice de la contrainte par corps. Inutile à celui qui l'emploie, funeste à celui qui en est la victime, ce moyen rigoureux pourrait être plutôt considéré comme un acte de vengeance que comme un mode légal d'exécution.

« S'il s'agissait d'établir la contrainte par corps parmi nous ( a dit M. le garde-des-sceaux dans son exposé des motifs ), vos seigneuries devraient préalablement résoudre d'importans problèmes ; il serait alors nécessaire de rechercher *jusqu'à quel point elle est compatible avec les principes de notre droit public, et jusqu'à quel point elle est réclamée par l'intérêt du commerce.* Mais ces questions, souvent examinées, sont résolues par la législation existante. »

Nous ne saurions partager à cet égard l'opinion de M. le garde-des-sceaux ; et devant la noble chambre, appelée à délibérer sur le nouveau projet de loi, la discussion ne se renfermera pas dans le cercle étroit qu'on semble vouloir lui tracer d'avance.

Il s'agit de l'une des questions les plus graves de notre législation civile ; et le gouvernement n'a fait que céder à un vœu depuis long-temps manifesté, en s'occupant d'une loi sur la contrainte par corps.

Cette question est complexe, ou plutôt, deux questions, l'une principale, l'autre subsidiaire, se présentent ici.

Convient-il de maintenir la contrainte par corps comme mode d'exécution de certains engagemens ? Dans l'affirmative, faut-il modifier les dispositions législatives qui réglent aujourd'hui cette matière ?

D'après Mgr. le garde-des-sceaux, la première question se trouve résolue d'avance : mais comment est-elle résolue ? *Par la législation existante.* Ainsi, c'est une législation dont on reconnaît les vices ou l'insuffisance, puisqu'il s'agit de l'abroger ou de la modifier aujourd'hui, que l'on vient invoquer comme une autorité tellement respectable, qu'elle ne doit plus permettre la discussion.

Est-il vrai, d'ailleurs, comme l'affirme Mgr. le garde-des-sceaux, que la législation encore existante aujourd'hui ait décidé cette question importante : « Jusqu'à quel point la contrainte par corps est-elle compatible avec les principes de notre droit *public ?* »

En présentant une telle assertion, il nous semble qu'on a oublié l'intervalle immense qui sépare l'époque où a été publiée la dernière loi sur la contrainte par corps (1795), et l'époque actuelle. Les principes de notre droit public, proclamés par la Charte, ne sont pas ceux qu'avaient consacrés les constitutions de la république et de l'empire; et puisque, d'après l'aveu de Mgr. le garde-des-sceaux lui-même, il convient que la législation civile soit désormais en harmonie avec les principes de notre droit public, c'est notre droit public actuel qu'il faut consulter pour apprécier les convenances et l'opportunité de toute disposition législative qu'il s'agit aujourd'hui de révoquer ou de maintenir.

L'intérêt du commerce doit être aussi consulté, dit-on, pour savoir jusqu'à quel point il réclame l'exercice de la contrainte par corps: mais tout serait encore jugé à cet égard; et il doit être aujourd'hui certain que le commerce veut que ce mode rigoureux d'exécution soit maintenu, puisqu'on l'a reconnu lors de la loi du 15 germinal an 6.

Nous répondrons, en premier lieu, que des motifs d'intérêt public n'ont jamais manqué à nos législateurs lorsqu'il s'est agi de justifier une mesure quelconque. Assurément, il serait difficile d'applaudir aujourd'hui à toutes les dispositions législatives sanctionnées dans le cours de la révolution; mais il ne le serait pas moins de reconnaître l'exactitude des motifs qui ont servi de base à la plupart de ces dispositions.

Des circonstances politiques dont il est inutile de rappeler le souvenir, le discrédit de nos finances, des guerres longues et onéreuses, la création du papier-monnaie, le *maximum*; en un mot, une foule de calamités qui affligèrent notre patrie dans l'espace de quelques années, durent porter un coup funeste au commerce. De tels motifs ne pouvaient être reconnus par le législateur; et pour donner une sorte de satisfaction à l'opinion publique, peut-être aussi, cédant à d'autres vœux que ceux des véritables négociants, il rétablit la contrainte par corps, en attribuant à sa suspension momentanée les malheurs qu'avait éprouvés le commerce.

En second lieu, jamais des circonstances plus favorables que celles dans lesquelles nous nous trouvons aujourd'hui, ne permirent de consulter l'intérêt du commerce, sur cette matière importante.

Sous l'empire de notre ancienne législation, la contrainte par corps était souvent appliquée avec rigueur dans certaines matières civiles, tandis qu'elle était facultative, lorsqu'il s'agissait de contestations entre commerçans.

A l'époque où elle fut abolie, par un décret de la convention, nous reconnaîtrons volontiers, que ce fut moins pour satisfaire au vœu du commerce, que pour rendre hommage à ces principes d'humanité et de philanthropie dont on abuse sans doute plus d'une fois, mais dont la manifestation est toujours honorable.

Un intervalle si court s'était écoulé entre le décret du 9 mai 1793 et la loi du 24 ventose an V, qui rétablit la contrainte par corps, qu'une expérience suffisante n'avait pu éclairer le législateur sur l'intérêt du commerce au rétablissement de la contrainte par corps.

Aujourd'hui, au contraire, un espace de plus de trente années nous sépare des lois qu'on sent le besoin de modifier; et l'on peut savoir quelle utilité le commerce a retirée de ce mode rigoureux d'exécution.

Ici l'on peut consulter avec un égal avantage, l'opinion des hommes qui font autorité en pareille matière, et les faits, qui sont toujours les argumens les plus concluans.

Une pétition ayant été adressée à la chambre des députés dans le cours de la dernière session, pour demander un adoucissement dans la législation relative à la contrainte par corps, le rapport en fut fait par l'honorable M. Laffitte, au nom de la commission, dans la séance du 22 mars 1828.

Voici quelques passages du discours qu'il prononça à cette

occasion :—« Le but principal de la contrainte par corps n'a pu être que de fournir des garanties au commerce ; de déterminer la confiance, et par là, de faciliter son développement. Mais *le commerce*, qui civilise tout, *a-t-il besoin, pour sa sûreté, de recourir à des moyens qui rappellent les temps de la plus grande barbarie ? évidemment non.* Pour s'en convaincre, il suffit de se rappeler ce qui se passe chaque jour sous nos yeux.

« La contrainte par corps ne peut être appliquée qu'à des négocians, et, à ceux qui ne le sont point, dans le cas seulement où ils se sont engagés à l'occasion d'une opération de commerce. La règle est donc faite pour les négocians, l'exception pour tous les autres individus. Or, par qui les prisons sont-elles remplies ? faites-vous en rendre compte, et vous verrez, Messieurs, que la peine s'applique presque toujours à ceux qui se trouvent dans l'exception, et que peu de négocians s'en trouvent frappés.....

« Disons-le donc franchement : LES BESOINS DU COMMERCE NE RÉCLAMENT POINT L'EXÉCUTION DE LA CONTRAINTE, *elle ne s'exerce qu'au profit de l'usure, contre de malheureux pères de famille et quelques jeunes imprudens.*

« Les États-Unis et l'Angleterre sont au sommet de l'échelle commerciale : eh bien! les États-Unis ont aboli l'incarcération pour dettes, et les voix les plus éloquentes s'élèvent, de toutes parts, en Angleterre, pour que ce bel exemple soit imité...

« N'est-il pas révoltant, en effet, que, pour une misérable somme de 120 fr., un malheureux père de famille soit détenu pendant cinq ans, laissant des enfans sans pain ? Que l'étranger le soit pour la vie, supplice qui n'est réservé qu'à de grands criminels ?

« La douceur de nos mœurs ne s'accorde pas avec des

mesures aussi sévères. Des changemens plus favorables encore que ceux qui sont demandés par le pétitionnaire, ne peuvent manquer d'être faits à nos lois ; et par ces motifs, j'ai l'honneur de vous proposer le renvoi de la pétition à Mgr. le garde des sceaux et à Mgr. le ministre de l'intérieur .

Le double renvoi fut prononcé sans opposition, ce qui indique que la chambre partageait l'opinion de la commission dont M. Laffitte était l'organe.

Les faits confirment d'ailleurs une telle opinion sur l'inutilité de la contrainte par corps à l'égard des commerçans.

D'après des calculs très approximatifs, si la contrainte par corps était prononcée et exécutée contre tous ceux qui s'y trouvent soumis, comme étant hors d'état d'acquitter des engagemens qui entraînent ce mode rigoureux d'exécution, il y aurait environ deux cent mille détenus pour dettes , chaque année, dans le royaume; tandis que le nombre des incarcérations s'élève à peine à dix mille : ainsi l'opinion publique fait en quelque sorte justice de la sévérité de la loi; puisque les dix-neuf vingtièmes de ceux qui pourraient faire usage de cette *prétendue faveur* accordée au commerce, préfèrent écouter la voix de l'humanité, à l'égard de leurs débiteurs malheureux.

Il existe un grand nombre de villes, dans lesquelles la contrainte par corps n'a jamais été exécutée.

A Paris, il est rendu tous les ans plus de quinze mille jugemens prononçant la contrainte par corps; à peine sept cents sont-ils mis à exécution; et encore le plus grand nombre de ceux à l'égard desquels elle a été exercée obtiennent-ils leur élargissement après quelques mois de détention, parce que les créanciers sont bientôt convaincus qu'ils augmentent la dette sans utilité, par les alimens qu'ils sont obligés de fournir au débiteur incarcéré.

En ce moment, il existe à Sainte-Pélagie *deux cent quarante* détenus pour dettes. Sur ce nombre, on ne compte que *trente-six* négocians, ou marchands, tant en gros qu'en détail, c'est-à-dire, un peu plus que le septième du nombre total des prisonniers. Les autres sont des propriétaires, des rentiers, des hommes de lettres, des artistes, des militaires : le nombre de ces derniers est presque égal à celui des négocians, puisqu'il s'élève à *trente et un*.

Que l'on cesse donc de prétendre que l'intérêt du commerce réclame le maintien de la contrainte par corps. Le véritable négociant agit plus utilement dans ses intérêts, lorsqu'il laisse la liberté à son débiteur : il sait qu'en détruisant son crédit, en le mettant hors d'état d'exercer son industrie, il lui enlève tous les moyens de se libérer. La contrainte par corps n'est à ses yeux qu'une peine injuste à l'égard de celui qui n'a été que malheureux, inutile à l'égard de celui qui fut imprudent, puisqu'il peut s'y soustraire au moyen de la déclaration de faillite, ou de la cession de biens ; et qui se trouve infligée, d'une manière légale, à celui qui fut coupable, lorsqu'une plainte en escroquerie, en abus de confiance, ou en banqueroute est dirigée contre lui.

Ainsi que le disait l'honorable M. Laffitte, la contrainte par corps ne favorise que l'usure. Elle atteint les fils de famille, les propriétaires, les militaires ; c'est-à-dire, ceux qui, par leur position sociale, ne devraient pas y être soumis. N'ayant pas à offrir une garantie au prêteur dans leur fortune actuelle, celui-ci veut s'assurer, en quelque sorte, le nantissement de leur personne, en leur faisant souscrire un engagement commercial qui les soumet à la contrainte par corps.

Sans doute, les capitaux ne seraient pas livrés sur une obligation ordinaire; mais ce ne serait pas un malheur. Loin de là, on obtiendrait ainsi un double avantage; d'une part, de rendre plus rares ces prêts à la grosse aventure, presque toujours scandaleusement usuraires; d'autre part, de défendre des imprudens contre leur propre faiblesse, et de leur conserver la liberté, dont ils sentent plus tard tout le prix, quand ils en sont privés.

La morale publique est ici d'accord avec la justice et l'humanité. Renfermées sous les verroux, ces victimes imprudentes de l'usure, compromettent leur avenir et perdent une existence honorable dans le monde. Rarement ils supportent seuls la peine de leur légèreté. Fils de famille, ils affligent la vieillesse des parens dont ils étaient l'espoir; époux et pères, ils laissent sans appui des êtres faibles qui devaient compter sur eux. Ainsi plusieurs supportent les conséquences de la faute d'un seul, ou plutôt de la sévérité de la loi.

Ces considérations graves auront sans doute quelque poids aux yeux des nobles pairs, et leur fourniront des argumens contre les motifs ou les prétextes trop souvent reproduits pour maintenir la contrainte par corps.

Toutefois, une considération nous arrête ici. Quand le projet présenté par le ministère a seulement pour but de modifier les lois existantes sur la contrainte par corps, la chambre pourrait-elle, sans violer l'initiative royale, proclamer en principe l'abolition de cette contrainte?

De légitimes scrupules ne manqueront pas de s'élever, à cet égard, dans le sein d'une chambre qui place au nombre de ses premiers devoirs la défense des droits de la couronne. Ce ne serait pas alors, en effet, un simple amendement de la loi proposée, mais une loi toute nouvelle, qui pourrait se

réduire à cette seule disposition : « La contrainte par corps
« est abolie en matière civile et commerciale. »

A moins que les conseillers du monarque n'obtinssent la
sanction royale sur une telle disposition, que l'on pourrait
considérer comme une proposition de la chambre des pairs,
le projet de loi présenté serait sans doute retiré, et l'on re-
tomberait sous l'empire d'une législation que tout le monde
a senti le besoin d'améliorer.

Lorsqu'il s'agit surtout d'institutions civiles et politiques,
le mieux est souvent l'ennemi du bien ; et il y a toujours
quelque inconvénient à repousser des dispositions utiles,
sous le prétexte qu'on devait en espérer de plus par-
faites.

En présentant le nouveau projet de loi, M. le garde-des-
sceaux a annoncé que l'intention du gouvernement était d'a-
méliorer la législation aujourd'hui existante sur la contrainte
par corps. C'est vers ce but que tous les efforts doivent dès
lors se diriger : sous ce point de vue, l'on ne peut avoir à
craindre le reproche d'empiètement sur l'initiative de la
couronne ; jamais peut-être le droit d'amendement, attribué
aux chambres par la Charte, ne peut être exercé avec plus
de latitude et de sécurité, que lorsqu'il s'agit de seconder la
pensée généreuse du monarque, et d'écouter la voix de la
raison et de l'humanité, pour adoucir les rigueurs d'une législation qui menace la liberté des citoyens.

Ici, nous ne craignons pas d'exprimer notre opinion avec
franchise. Le projet ministériel nous paraît trop sobre d'a-
méliorations. Il semble que ses rédacteurs se soient plus occupés à expliquer ce qu'il y avait d'obscur, ou à concilier
ce qu'il y avait de contradictoire, dans les lois aujourd'hui
existantes, sur la contrainte par corps, qu'à corriger ce
qu'elles offraient de trop rigoureux, et à mettre les disposi-

tions législatives sur cette matière, en harmonie avec nos mœurs nouvelles et les grands principes que la Charte a consacrés.

La chambre des pairs, appelée à discuter le projet ministériel, reconnaîtra qu'il doit subir un grand nombre de modifications importantes : Le vœu des amis de l'humanité ne sera pas trompé ; et nous verrons, encore une fois, une proposition incomplète et défectueuse devenir une bonne loi, après avoir subi l'épreuve d'une discussion solennelle.

Qu'il nous soit permis, en attendant, et lorsque le projet de loi n'est encore que la pensée ministérielle, de l'examiner dans chacune de ses dispositions ; et si nos observations deviennent l'objet de quelque amendement utile, nous nous applaudirons d'avoir apporté notre tribut dans cette discussion importante.

Le titre 1<sup>er</sup> du projet contient les dispositions relatives à la contrainte par corps en matière de commerce ; il se compose de 6 articles, que nous allons successivement examiner.

Art. 1<sup>er</sup>. « La contrainte par corps sera prononcée, sauf les exceptions et les modifications ci-après, contre *toute personne condamnée pour dette commerciale* au paiement d'une somme de 200 fr. et au-dessus. »

Cet article peut donner lieu à deux observations importantes : l'une relativement à la latitude qu'il laisse aux tribunaux, pour prononcer la contrainte par corps ; l'autre sur la quotité de la somme pour laquelle il autorise ce mode rigoureux d'exécution.

L'article 1<sup>er</sup>, titre 2, de la loi du 15 germinal an 6, indique avec soin les diverses personnes contre lesquelles la contrainte par corps peut être prononcée. Ce sont : les ban quiers, les agens de change , les courtiers, les facteurs, les commissionnaires, les marchands, et, un un mot, ceux dont la profession est essentiellement commerciale. Une seule exception est admise, à cet égard , relativement aux signataires de lettres ou billets de change , que la loi du 15 germinal déclara contraignables par corps, quoiqu'ils n'appartiennent pas à la classe des commerçans.

Dans ses termes laconiques. ( *toute personne condamnée pour dette commerciale* , l'article 1er du projet donne plus d'extension à la mesure si rigoureuse de la contrainte par corps.

En effet, d'après cet article, il n'est pas nécessaire d'être négociant ou marchand, pour être soumis à la contrainte par corps: il suffit d'avoir été condamné pour une dette commerciale. c'est-à-dire, pour une dette dérivant d'un acte de commerce; de telle sorte que, d'après la loi nouvelle, le particulier, qui aurait fait un seul acte de commerce, pourrait être condamné par corps; tandis que cette mesure rigoureuse d'exécution ne serait pas autorisée contre lui, d'après la loi du 15 germinal an 6.

Il faut donc, nécessairement, modifier l'article 1er du projet, en ce sens, que la contrainte par corps ne doit être prononcée que pour une dette commerciale, entre commerçans, négocians, banquiers ou marchands, ou entre ceux qui peuvent être assimilés à des négocians, parce qu'ils font habituellement des actes de commerce.

Relativement à la quotité de la somme pour laquelle le projet autorise la contrainte par corps, il nous semble que c'est apprécier bien peu la liberté des citoyens, que de permettre d'y porter atteinte pour une misérable somme de 200 fr.

En présentant quelques observations sur la contrainte par

corps, et sur les améliorations que nécessitaient les lois sur cette matière importante (1), nous avions pensé qu'il était convenable de porter à 1000 fr. le *minimum* de la somme pour laquelle on pourrait prononcer la contrainte par corps, et nous persistons dans cette opinion. En effet, il s'agit ici de ce que l'homme a de plus précieux, la liberté; et, si la rigueur du droit en exige quelquefois le sacrifice, même à un simple intérêt pécuniaire, il faut du moins que cet intérêt présente une certaine importance.

On oppose que c'est surtout pour protéger le petit commerce, que la contrainte par corps a été instituée; et que la perte d'une somme de 200 f. peut compromettre le crédit du colporteur ou du marchand détaillant: mais la même considération existerait pour une somme inférieure à 200 fr.; de sorte qu'il n'y aurait ainsi aucun motif de ne pas accorder, même pour 25 fr., l'exercice de la contrainte par corps.

C'est à des considérations d'un autre ordre qu'il faut s'élever pour apprécier la difficulté. La loi s'occupe moins des individus que des masses : et, quand elle accorde l'exercice d'une mesure rigoureuse, il faut examiner si l'intérêt privé qu'il s'agit de protéger peut être mis en balance avec le préjudice qu'éprouvent à la fois et la société elle-même et l'individu contre lequel la mesure rigoureuse est autorisée.

Or, sans parler du dommage personnel qu'éprouve le débiteur incarcéré, n'est-il pas évident que la privation de la liberté d'un citoyen est un plus grand malheur, pour la société et pour la famille à laquelle il appartient, que la perte d'une somme de 200 fr. pour le créancier, quelque fâcheuse que soit sa position?

______________

(1) *Traité de la liberté individuelle*, vol. II, page 523.

( 23 )

D'ailleurs, si l'utilité que le créancier attend de ce modique capital peut autoriser en sa faveur l'exercice de la contrainte par corps, il faut nécessairement reconnaître que ce débiteur est lui-même hors d'état de le payer, par cela seul qu'il souffre la privation de la liberté : et, sous ce point de vue, quand il s'agit d'un si faible intérêt, il y a une sorte de cruauté à infliger au malheur la peine qui devait être réservée à la mauvaise foi.

Nous présenterons une dernière observation; au sujet de cet article.

En accordant la contrainte par corps au créancier, comme un moyen d'exécution de l'engagement dont il est porteur, on ne peut s'empêcher, au moins, de reconnaître que c'est un moyen d'une rigueur extrême : sous ce point de vue, l'usage ne devrait en être accordé qu'après qu'on aurait reconnu l'inefficacité des voies ordinaires d'exécution.

D'après le principe général, consacré par la loi civile, les biens meubles et immeubles d'un débiteur sont le gage de ses créanciers; c'est par une fiction difficile à admettre sans doute, consacrée, dit-on, dans l'intérêt du commerce, que la liberté a été considérée comme faisant partie de ces biens : mais il est du moins le plus précieux de tous; et il ne devrait être permis d'y porter atteinte, qu'après avoir discuté l'actif du débiteur.

Ainsi, il conviendrait d'ajouter à l'article du projet, que la contrainte par corps ne pourrait être exercée qu'après la vente des biens meubles et immeubles du débiteur; à moins que celui-ci ne mît obstacle aux poursuites, ou que l'inutilité n'en fût démontrée d'avance par le créancier, au moyen de la production du certificat des hypothèques pour les immeubles, ou de la justification de poursuites antérieures, sur les biens mobiliers.

Art. 2. « Ne sont point soumis à la contrainte par corps, en matière de commerce,

1° Les femmes et les filles non légalement réputées marchandes publiques ;

1° Les mineurs non commerçans, ou qui ne sont point réputés majeurs, pour fait de leur commerce ;

3° Les veuves et héritiers des justiciables des tribunaux de commerce, assignés devant ces tribunaux, en reprise d'instance, ou par action nouvelle, en raison de leur qualité. »

Ici le législateur n'ajoute aucune exception à celles que la loi du 15 germinal an 6 avait elle-même consacrées.

Ainsi, la contrainte par corps n'a jamais été prononcée ni contre les veuves et héritiers des justiciables du tribunal de commerce, assignés en cette qualité, puisqu'il ne s'agit pas d'un engagement qui leur soit personnel ; ni contre les femmes et les filles qui ne sont pas marchandes publiques ; ni contre les mineurs non commerçans.

A l'égard de ces derniers surtout, on ne peut considérer comme une faveur la disposition de la loi qui les affranchit de la contrainte par corps ; puisque, par le fait seul de la minorité, les engagemens par eux contractés sont radicalement nuls.

On doit seulement s'affliger que dans cet article où les rédacteurs du projet ont consacré, en faveur du sexe et de l'âge du débiteur, des exceptions au principe rigoureux de la contrainte par corps, la vieillesse n'ait pas obtenu le même privilége que l'enfance ; et qu'au lieu de s'occuper des septuagénaires ( dans un article que nous examinerons tout-à-l'heure ), pour abréger la durée de leur captivité, on ne les ait pas compris au nombre des personnes contre lesquelles la contrainte par corps ne peut être prononcée.

On se demande pourquoi la législation commerciale se montre ici plus cruelle que la législation civile. Depuis long-temps, des hommes honorables avaient émis le vœu que la même exception fût consacrée en faveur des vieillards, quelle que fût la nature de l'engagement par eux souscrit ; et il est fâcheux que ce vœu, dicté par un sentiment d'humanité, n'ait pas été accueilli par les rédacteurs du nouveau projet.

Assurément, celui qui a eu l'imprudence de souscrire une lettre de change, lorsqu'il est étranger au commerce, ne mérite pas d'être traité avec plus de rigueur que le déposi-taire infidèle, ou le tuteur qui a dépouillé son pupille ; et, puisque ces derniers sont affranchis de la contrainte par corps, lorsqu'ils ont atteint leur soixante-dixième année, on ne conçoit pas pourquoi, dans les matières commerciales, où l'inexécution d'un engagement est plus souvent l'effet du malheur que de la mauvaise foi, les septuagénaires ne joui-raient pas de la même immunité.

Art. 3. « Les condamnations prononcées par les tribunaux de commerce, contre des individus non négocians, pour signatures apposées soit à des lettres de change réputées simples promesses, aux termes de l'art. 112 du Code de commerce, soit à des billets à ordre, n'emportent point la contrainte par corps, à moins que ces signatures et enga-gemens n'aient eu pour cause des opérations de commerce, trafic, change, banque ou courtage. »

Dans cet article, les rédacteurs du projet se sont bornés à reproduire, presque dans les mêmes termes, la disposition de l'art. 637 du Code de commerce ; et ils ont entièrement oublié que, dans l'intérêt des familles et des mœurs publi-ques, une amélioration importante était ici réclamée.

Ce serait une erreur grave que d'attribuer à la lettre de change le caractère qu'elle présentait lorsque l'usage s'en introduisit dans le commerce. Alors elle constituait un véritable contrat commercial, auquel il convenait d'accorder de grands priviléges, à cause de l'utilité qui en résultait pour les transactions entre commerçans. Elle offrait au porteur le moyen économique et facile de toucher des capitaux, dont il avait besoin sur une place étrangère, en échange des valeurs qu'il remettait au tireur de la lettre de change.

Aujourd'hui, la lettre de change est un titre que le prêteur fait presque toujours souscrire à l'emprunteur, quoiqu'il ne s'agisse que d'une obligation purement civile; afin de s'assurer l'exercice de la contrainte par corps à défaut de paiement lors de l'échéance. Quelquefois, on fait souscrire en entier l'engagement commercial, en le faisant dater d'une ville voisine; de telle sorte qu'il est presque toujours impossible de prouver la supposition de lieu: d'autres fois, on se borne à exiger une acceptation, *en blanc*, de la main de l'emprunteur; celui-ci ignore souvent qu'au dessus de sa signature, on va confectionner un titre qui l'expose à perdre sa liberté, s'il ne rembourse pas à une date souvent indiquée à son insu, quand il n'a pas eu la précaution de la consigner lui-même dans le libellé de son acceptation.

C'est ainsi que les militaires, les fils de famille, les artistes, les hommes de lettres trouvent du crédit auprès des usuriers, qui ne se contentent pas d'exiger de gros intérêts, et qui veulent avoir une sorte de main-mise sur la personne de leurs débiteurs. Les lettres de change de cette nature qui circulent dans la capitale (1), sont bien plus nombreuses que

_______

(1) L'usurier garde d'ordinaire dans son portefeuille des valeurs de cette nature; mais il s'abstient d'en faire personnellement usage. Il sait qu'aucune exception sur la cause de l'engagement ne peut être

celles qui se rattachent à des opérations commerciales ; et, lorsqu'on songe que parmi les détenus pour dettes à Sainte-Pélagie, les négocians ne s'y trouvent que dans la proportion de 1 à 6 1/2, on ne peut s'empêcher de reconnaître que les condamnations prononcées contre les autres prisonniers ne se rattachent au commerce que par la forme extérieure des engagemens.

Voilà un abus scandaleux, auquel il importe de porter un prompt remède, en consacrant en principe que, *quelle que soit leur régularité dans la forme*, les lettres de change ne peuvent entraîner la contrainte par corps que lorsqu'elles sont intervenues entre commerçans, ou que lorsqu'elles portent la preuve que leur création a eu pour cause une opération de commerce.

Ici nous pouvons invoquer l'opinion de l'honorable magistrat chargé de soutenir la discussion du nouveau projet de loi devant la chambre des pairs.

M. Jacquinot-Pampelune présenta à la chambre des députés une proposition tendant à supplier Sa Majesté d'ordonner la révision des lois relatives à la contrainte par corps.

Voici comment il s'exprimait dans le comité secret du 12 juillet 1828, où il développa sa proposition :

« Le contrat de change a été inventé pour l'avantage des relations commerciales, pour éviter les transports d'espèces,

opposée au tiers porteur ; et il a des prête-noms qui obtiennent et font exécuter les condamnations par corps contre les malheureux souscripteurs. C'est ainsi que le prêt à usure, que la loi a voulu réprimer, obtient une sorte de faveur devant nos tribunaux, parce qu'il permet d'atteindre tout à la fois le débiteur dans ses biens et dans sa personne.

et les remplacer, d'une manière commode et utile, par des remises de place en place. Lors donc qu'une lettre de change est signée par un négociant, la seule qualité du débiteur doit faire qu'un tel engagement soit réputé commercial, et que l'exécution puisse en être poursuivie par la voie de la contrainte par corps.

« Mais, si le signataire ou l'endosseur, ou le donneur d'aval, ne sont point commerçans, il semble que les présomptions de la loi doivent céder à l'évidence des faits, et qu'il soit juste, en ce cas, d'admettre une exception à la disposition trop générale de l'art. 632 (1). Cette exception serait simple; elle consisterait soit à obliger le porteur de la lettre à prouver que la signature a eu pour cause de véritables opérations de commerce ou de change, soit à admettre le débiteur à établir que les causes de son engagement étaient absolument étrangères à de telles opérations.

« J'avoue qu'entre ces deux partis, le premier me paraîtrait préférable, comme conduisant plus directement au but; il aurait, en effet, le précieux avantage de garantir les familles des malheurs trop fréquens auxquels les expose l'inexpérience des jeunes gens. Combien n'y en a-t-il pas qui, à peine parvenus à une majorité précoce, voient leur fortune compromise, et souvent absorbée, par des engagemens surpris à leur faiblesse? Trop souvent, ces engagemens sont souscrits pendant leur minorité, avec des dates en blanc, qui, par la fraude la plus coupable, et la plus difficile à prouver, n'ont été remplies, par le créancier, qu'au moment

_________

(1) Nous avons déjà fait remarquer que l'article 632, dans lequel M. Jacquinot Pampelune sollicitait une modification, a été littéralement reproduit dans l'article 3 du projet.

ou le débiteur, devenu majeur, a acquis la capacité de contracter.

« En un mot, ce parti détruira infailliblement l'usure, qui ne vit que de lettres de change; et qui, par ce moyen, n'osera risquer les capitaux dont elle fait un si désastreux usage. »

Des objections pouvaient être présentées contre une théorie fondée sur la morale, et sur les véritables principes du droit. M. Jacquinot-Pampelune les prévoit et les discute avec avantage :

« Vainement, dit-il, s'efforcerait-on de réclamer ici en faveur du commerce. S'il a un intérêt très réel à assurer, par la voie rigoureuse de la contrainte par corps, l'exécution des engagemens visiblement commerciaux, il n'en a aucun à faire jouir de cette faveur des engagemens qui n'ont de commercial que l'apparence. Les vrais négocians ne livrent jamais leurs capitaux ou leurs marchandises, pour des lettres de change, qu'autant que ces lettres sont revêtues de signatures connues et inspirant quelque confiance : si elles ne sont signées que d'individus non négocians, on peut dire que, par cela seul, elles n'ont pas cours dans le commerce; qu'elles restent entre les mains des parties; ou que si, lors de l'échéance, elles semblent avoir été négociées, il est de fait que les prétendues parties prenantes n'ont point été légitimes propriétaires, et ne figurent sur le titre que pour lui donner l'apparence d'un engagement commercial, ou pour attribuer au véritable créancier le moyen d'augmenter les frais et de consommer la ruine du débiteur. »

Espérons que M. le commissaire du roi soutiendra, devant la chambre des pairs, les principes professés par le député à la tribune de l'autre chambre ; et que, loin de repousser les amendemens proposés, il appuiera, de toute l'autorité de son talent et de son caractère, tous ceux qui tendront à améliorer le projet ministériel, notamment celui que réclame l'article 3, dans l'intérêt des nombreuses victimes de l'usure et de la cupidité.

Art. 4. « La contrainte par corps, en matière de commerce, ne pourra être prononcée contre les débiteurs qui auront commencé leur soixante-dixième année, si ce n'est : 1° lorsqu'ils auront été condamnés comme tireurs, accepteurs, souscripteurs, endosseurs ou donneurs d'aval , soit de lettres de change, soit de promesses d'en fournir, ou de payer celles qui auraient été ou devraient être fournies; 2° Lorsque , dans le cas de l'article précédent, il s'agira de lettres de change réputées simples promesses , ou de billets à ordre, et que ces engagemens auront eu pour cause des opérations de commerce, trafic, change, banque ou courtage. »

Nous pensons qu'il conviendrait de supprimer cet article, en comprenant les septuagénaires au nombre des personnes que l'article 2 du projet affranchit de la contrainte par corps.

On ne peut s'empêcher de reconnaître, d'ailleurs, que les exceptions admises en leur faveur par l'article que nous examinons, sont extrêmement restreintes.

Et d'abord, il est une première observation qui doit frapper tous les esprits.

La base première du projet, dans le titre relatif à la contrainte par corps, est extrêmement large. Ce n'est pas seulement contre les négocians, marchands et banquiers, que ce mode rigoureux d'exécution est autorisé; mais encore contre les simples particuliers qui font accidentellement un acte de commerce; en un mot, par cela seul que le tribunal de commerce sera compétent, la condamnation par corps devra être nécessairement prononcée.

« Aucun changement (a dit Mgr le garde des sceaux, dans son exposé) n'est apporté à la règle, qui soumet à la juridiction commerciale toute personne qui fait un acte de commerce, *et qui soumet à la contrainte par corps toute personne qui est justiciable de la juridiction commerciale.*

Cette dernière assertion nous paraît erronée : peu de mots suffiront pour l'établir.

D'après l'art. 632 du Code de commerce, les tribunaux de commerce doivent connaître : 1° De toutes contestations relatives aux engagemens et transactions entre négocians, marchands et banquiers ; 2° *Entre toutes personnes, de contestations relatives aux actes de commerce.*

Ainsi, il suffit d'avoir fait un acte de commerce pour devenir justiciable de cette juridiction exceptionnelle.

Cela posé, que l'on parcoure la série des opérations qualifiées actes de commerce par les articles 632 et 633, que l'on examine ensuite les divers cas dans lesquels la contrainte par corps peut être prononcée, soit d'après les articles 1 et 4 tit. 2 de la loi du 15 germinal an VI, soit d'après l'art. 637 du Code, les seuls qui s'occupent de la contrainte par corps en matière commerciale ; et l'on sera convaincu que sous l'empire de la législation actuelle, on peut être justiciable des tribunaux de commerce, comme ayant fait un acte de commerce, sans être passible de la contrainte par corps.

Ainsi, il est évident qu'au lieu de restreindre l'exercice d'un mode rigoureux d'exécution, les rédacteurs du nouveau projet de loi lui ont donné plus de latitude, du moins à l'égard des matières commerciales.

Maintenant, il faut prouver que, malgré la faveur qu'on paraît vouloir leur accorder, les *septuagénaires non commerçans* se trouvent soumis à la contrainte par corps, en matière de commerce, dans tous les cas où un individu qui ne peut réclamer le bénéfice de l'âge, s'y trouve lui-même soumis, d'après les dispositions combinées de la loi du 15 germinal an VI, et du Code de commerce.

En effet, la loi de germinal (art. 1, tit. 2, n° 4) ne prononce la contrainte par corps, à l'égard des personnes étrangères au commerce : « Que contre celles qui signeront des lettres ou billets de change, celles qui y mettront leur aval, qui promettront d'en fournir, avec remise de place en place, et qui feront des promesses pour lettres de change à elles fournies, ou qui devront l'être. »

L'article 637 du Code de commerce autorise la prononciation de la contrainte par corps contre les individus non négocians, signataires de lettres de change réputées simples promesses, ou de billets à ordre, lorsqu'ils se seront engagés à l'occasion d'opérations de commerce, trafic, banque, change ou courtage.

Ces deux dispositions se trouvent reproduites, presque dans les mêmes termes, par l'article 4 du projet de loi.

La seule faveur accordée aux septuagénaires, à l'égard desquels on semblait vouloir réparer le silence de la législation précédente, se réduit donc à conserver à leur égard les dispositions relatives à la contrainte par corps telles qu'elles existaient auparavant ; tandis qu'on a cru devoir les aggraver à l'égard des autres personnes étrangères au commerce.

Voici comment s'exprime M. le garde-des-sceaux, dans l'exposé des motifs, pour justifier la prétendue amélioration introduite en faveur des septuagénaires :

« Les septuagénaires sont dispensés de la contrainte par corps, en matière civile ; il nous a semblé que le respect pour la vieillesse exigeait qu'ils ne fussent point privés de cette immunité de l'âge, lorsqu'ils auraient souscrit un engagement ordinaire de commerce. Aucun motif d'intérêt public ne nous a paru devoir l'emporter, en ce cas, sur le droit naturel. »

Sans doute, voilà des considérations graves, en faveur des vieillards; mais on se demande en quoi consiste le privilége qu'on leur accorde, lorsque la loi nouvelle n'améliore pas leur sort, et qu'ils demeurent soumis à la contrainte par corps, dans tous les cas où elle était autorisée par la législation qui nous régit encore aujourd'hui !

M. le garde-des-sceaux continue : — « Toutefois, si le commerce établit entre toutes les nations un échange mutuel de leurs richesses, le contrat de change est l'instrument nécessaire et habituel de ce mutuel échange : tout ce qui porterait atteinte aux garanties que lui assurent en tous lieux les usages universels du commerce, décréditerait le pays qui admettrait dans ses lois de telles dispositions. Le privilége de la lettre de change doit donc être préféré aux droits même de la vieillesse. Lorsqu'il s'agit d'effets de commerce négociables, susceptibles d'être transmis par endossement, comment excepter, en effet, de la contrainte par corps soit le tireur, soit l'accepteur, soit un endosseur quelconque ? N'est-ce pas sur la foi de toutes les signatures, que l'effet a eu cours; et les tiers-porteurs ne sont-ils pas le plus souvent dans l'impossibilité de connaître l'âge des signataires ? Il faut donc céder à la nécessité, et maintenir une rigueur à laquelle on ne saurait renoncer sans porter le trouble dans toute les transactions commerciales, et sans hasarder d'altérer dans les marchés étrangers, la valeur des lettres de change françaises. »

Il n'est pas difficile de réfuter les considérations que présente ici M. le garde-des-sceaux pour justifier la rigueur du projet de loi.

En premier lieu, ce qu'il dit de la lettre de change ne

saurait s'appliquer aux lettres de change réputées simples promesses, comme contenant supposition de lieu, et qui n'ont que l'apparence extérieure d'un contrat commercial.

En second lieu, nous opposerons à sa théorie sur la lettre de change le passage de M. Jacquinot-Pampelune, que nous avons déjà cité, page 27, et dans lequel ce magistrat considère cet engagement non tel qu'il devait être dans le principe, mais tel qu'il est aujourd'hui.

Dans ce contrat, comme dans tous les autres, le porteur connaît son cédant, et c'est surtout dans sa solvabilité qu'il place toute sa confiance; car il ne peut presque jamais vérifier même la sincérité des signatures plus ou moins nombreuses dont la lettre de change est revêtue. D'ailleurs, on ne peut échapper ici à cette alternative qui détruit, par sa base, l'argumentation de M. le garde-des-sceaux. Ou bien le tiers-porteur ne connaît pas les signataires de la traite, et alors ce n'est pas la garantie de leur engagement qui a pu le déterminer à accepter la traite; ou bien il les connaît, et alors il peut être informé que, par leur âge, ils se trouvent à l'abri de la contrainte par corps.

En troisième lieu et enfin, les rédacteurs du nouveau projet ont eux-mêmes consacré en principe l'affranchissement de la contrainte par corps, en faveur des femmes et des mineurs étrangers au commerce; et ils n'ont pas pensé qu'une telle exception dût cesser, dans le cas où ils auraient apposé leurs signatures sur des lettres de change. On peut cependant appliquer au mineur ce que M. le garde-des-sceaux dit du septuagénaire, *que le tiers se trouve souvent dans l'impossibilité de connaître l'âge du signataire*; et, puisqu'à l'égard du premier, le principe de droit qui consacre son incapacité l'a emporté sur le privilége de la lettre de change, on ne conçoit pas pourquoi l'on ne rendrait pas un semblable hommage au droit naturel qui commande le respect en faveur de la vieillesse.

Ainsi, nous persistons à penser que l'art. 4 doit être supprimé, et que les septuagénaires doivent être compris, avec les femmes et les mineurs, dans l'exception consacrée par l'art. 2.

Art. 5. « La détention pour dette commerciale cessera de plein droit après trois années, lorsque le montant de la condamnation principale ne s'élèvera pas à 5oo fr.; et après cinq années, lorsqu'il sera de 5oo fr. et au-dessus. »

Si l'on admet en principe que la contrainte par corps ne pourra être prononcée pour une somme moindre de 1,ooo f., il sera inutile de graduer la durée de l'emprisonnement sur l'importance de la somme.

Mais dans le cas où l'article 1er du projet ne serait pas modifié, et où la contrainte par corps serait autorisée pour une dette de 2oo fr., il nous semble qu'en effectuant un plus grand nombre de divisions, l'on pourrait établir une proportion plus exacte, entre la durée de l'emprisonnement et l'importance de la somme pour laquelle la condamnation aura été prononcée.

Ainsi, par exemple, il semblerait choquant que le débiteur d'une somme de 499 fr. obtînt sa liberté après trois années de détention, tandis que celui dont la dette n'excéderait cette somme que de 1 fr., aurait à subir deux années d'emprisonnement de plus.

Voici comment la durée de la détention pourrait être graduée sur la quotité de la condamnation en principal, si l'on croit devoir soumettre le débiteur à un emprisonnement de cinq ans, c'est-à-dire au *maximum* de la peine prononcée contre ceux qui se sont rendus coupables d'un délit. Pour une créance de 2oo fr. à 4oo fr., 1 an;—de 4oo fr.

à 600 fr., 2 ans; — de 600 fr. à 800 fr., 3 ans; — de 800 fr. à 1000 fr., 4 ans; — de 1000 fr. et au-dessus, 5 ans.

En adoptant une telle division, on arriverait au moins à ce résultat, qu'il faut être créancier de 1000 f. sinon pour obtenir la contrainte par corps contre son débiteur, du moins pour en user avec toute la latitude que lui accordent les lois actuellement existantes.

Art. 6. « Le débiteur âgé de plus de 70 ans obtiendra, de plein droit, son élargissement, quel que soit le montant de la dette, après deux années de détention, à compter, soit du jour de son arrestation, si, à cette époque, sa 70ᵉ année était commencée, soit du jour où il l'aura commencée depuis son arrestation. »

On ne peut s'empêcher de reconnaître ici une amélioration dans les lois qui règlent aujourd'hui la contrainte par corps en matière commerciale.

Aucune exception n'étant consacrée par la loi du 15 germinal an 6, à l'égard du septuagénaire, son emprisonnement devait se prolonger pendant cinq ans, comme celui de tous les détenus pour dettes commerciales.

Les rédacteurs du projet ont donc reconnu, dans cette circonstance, que la faveur due à la vieillesse réclamait une exception au principe rigoureux de la contrainte par corps; mais cette exception devait être pleine et entière. Au lieu d'autoriser l'élargissement du septuagénaire, après deux ans de détention, il était plus convenable d'interdire contre lui l'exercice de la contrainte par corps; car les infirmités inséparables de la vieillesse pourraient rendre la faveur de la loi inutile à plusieurs malheureux qui auraient éprouvé ses rigueurs.

En consacrant, dans tous les cas, l'interdiction de la contrainte par corps, à l'égard du septuagénaire, l'art. 6 du projet devrait être supprimé, en même temps que l'art. 4.

Le titre 2 du projet qui contient les dispositions relatives à la contrainte par corps, en matière civile, se compose d'un seul article, ainsi conçu :

Art. 7. « Le débiteur légalement incarcéré, pour dette civile, obtiendra de droit son élargissement, après dix années de détention.

« Le terme de la détention ne sera que de cinq années, s'il s'agit soit de fermages de biens ruraux, au cas prévu par l'art. 2062 du Code civil, soit de l'exécution de condamnations intervenues, dans les cas où la contrainte par corps n'est pas obligée, et où la loi attribue seulement aux juges la faculté de la prononcer. »

On ne peut s'empêcher de faire remarquer ici une sorte de contradiction dans l'économie du nouveau projet de loi.

C'est surtout dans l'intérêt du commerce, dit-on, que la contrainte par corps a été rétablie, et qu'on croit devoir la maintenir aujourd'hui. Cependant, on a voulu la rendre plus sévère en matière civile qu'en matière commerciale.

Il est certain que le Code de procédure présentait une lacune, en ce qu'on avait omis d'indiquer une époque après laquelle le débiteur incarcéré devait obtenir son élargissement; cette omission a été réparée par les rédacteurs du nouveau projet de loi, mais il nous semble que c'est dans un sens peu favorable à la liberté.

En effet, ce n'est qu'après dix ans, et après cinq ans dans quelque cas d'exception, que le détenu pour dettes civiles peut obtenir de droit son élargissement.

Cette disposition nous semble également rigoureuse, pour les cas qui ont paru les plus favorables aux rédacteurs du projet, et pour ceux à l'égard desquels ils ont voulu déployer le plus de sévérité.

Relativement aux fermiers de biens ruraux, la contrainte

par corps a toujours été considérée comme une mesure extrêmement rigoureuse ; d'autant qu'il y a certitude que le fermier, à l'égard duquel les voies ordinaires d'exécution ont été épuisées, se trouve hors d'état de remplir ses engagemens ; et que l'exercice de la contrainte par corps ne peut avoir d'autre résultat que de consommer sa ruine.

Et, si l'on persistait à maintenir la contrainte par corps à son égard, ainsi qu'à l'égard de ceux contre lesquels une condamnation de dommages-intérêts a été prononcée, il conviendrait au moins de réduire à deux ou trois années la durée de l'emprisonnement.

Mais c'est dans les autres cas, surtout, que les rédacteurs du projet de loi ont déployé une rigueur excessive, qui présente presque les caractères d'une véritable injustice.

Sans doute, lorsqu'en matière de stellionat, de dépôt nécessaire, de restitution de fruits perçus pendant la dépossession du véritable propriétaire, et dans quelques autres circonstances analogues, la loi civile a autorisé la contrainte par corps, c'est comme une sorte de peine infligée au dol et à la mauvaise foi, pour des faits ou des actes qui présentent le caractère d'un quasi-délit.

Or, les principes d'une bonne justice distributive s'opposent à ce qu'un fait *répréhensible* soit puni avec la même sévérité qu'un fait légalement *coupable* ; et un délit qualifié par la loi pénale exige une répression plus énergique que la fraude ou le dol, dont les tribunaux civils sont constitués juges, parce que le fait ne présente pas les caractères d'un délit.

Cela posé, pour démontrer l'excessive sévérité de la loi projetée, il suffit de rapprocher deux faits analogues, en ce sens qu'ils constituent une atteinte à la propriété d'autrui ; mais dont un seul présente un caractère légal de criminalité.

Un vol a été commis au préjudice d'un particulier, sans les circonstances aggravantes qui pourraient lui donner le caractère de crime : le coupable ne peut, aux termes de l'art. 401 du Code pénal, être puni que d'un emprisonnement d'un an au moins et de cinq ans au plus. Le *maximum* de la peine n'est, d'ailleurs, presque jamais appliqué en pareille matière.

La loi pénale est même moins sévère à l'égard de celui qui s'est rendu coupable d'un abus de confiance caractérisé : puisque l'on ne peut le condamner qu'à un emprisonnement de deux mois au moins et de deux ans au plus.

L'emprunteur qui, pour obtenir un crédit qu'on lui refuserait, déclare libres des immeubles grevés, ou dissimule une partie des hypothèques inscrites sur ses biens, abuse aussi de la confiance du prêteur, quoiqu'il ne commette pas un véritable délit : eh bien, celui-ci pourra le détenir dix ans en prison, s'il se trouve hors d'état d'acquitter l'obligation qu'il a souscrite à son profit.

Il y a dans ce rapprochement quelque chose qui blesse la justice et choque la raison.

On objecterait vainement que la peine infligée au délit, dans l'intérêt de la vindicte publique, est indépendante de l'exercice des droits du plaignant qui s'est constitué partie civile, et auquel des dommages-intérêts ont été accordés.

Encore ici, l'on peut continuer le rapprochement, et prouver que, dans certains cas, l'accumulation de l'emprisonnement qui est le résultat de la condamnation correctionnelle, avec celui qui peut avoir lieu à la requête de la partie civile pour ses dommages-intérêts, ne présente pas la durée de la détention autorisée par l'art. 7 du projet de loi contre le stellionataire.

En effet, le voleur et l'escroc peuvent n'être condamnés qu'à un an de prison; et si les dommages-intérêts accordés au plaignant n'excèdent pas 300 fr., le condamné obtient son élargissement après une détention de six mois, à la requête de la partie civile, et postérieurement à l'expiration de sa peine, aux termes des art. 28 et 32 du projet de loi lui même : de telle sorte qu'après un emprisonnement de 18 mois, un voleur a satisfait à la vindicte publique ainsi qu'aux réparations de la partie civile; tandis qu'en cas de simple fraude dans un contrat civil, et pour un quasi-délit, qualifié *stellionat*, un créancier peut priver pendant 10 ans son débiteur de sa liberté.

Ce second titre du projet de loi ne mérite donc pas moins que le premier de fixer l'attention de la chambre des Pairs; et si elle pense qu'on ne peut modifier les dispositions du Code civil et du Code de procédure qui prescrivent ou autorisent, dans certains cas, la prononciation de la contrainte par corps, elle croira sans doute convenable d'adoucir la sévérité du principe dans son application, en restreignant la durée de l'emprisonnement civil, dans des circonstances ordinaires, et en ne portant que dans quelques cas très rares la durée de la détention à 5 ans, qui doit être, dans toutes les hypothèses possibles, le *maximum* du délai pendant lequel un débiteur peut être privé de sa liberté.

Dans le titre 3 du projet, on trouve les dispositions relatives à la contrainte par corps contre les étrangers. Ce titre ne se compose que de trois articles.

Art. 8. « Lorsque l'arrestation provisoire d'un étranger aura été ordonnée en vertu de l'art. 2 de la loi du 10 septembre 1807, le créancier sera tenu de se pourvoir en condamnation, dans la quinzaine de l'emprisonnement de son débiteur, faute de quoi celui-ci pourra demander son élargissement.

« L'élargissement, dans ce cas, sera prononcé par ordonnance de référé, sur une assignation qui sera donnée au créancier par un huissier que le président aura commis dans l'ordonnance même qui aura autorisé l'arrestation. »

On ne peut qu'applaudir à une telle disposition, que les rédacteurs du nouveau projet ont puisée dans l'art. 15 de la loi présentée à la chambre des députés, au mois de mars 1818.

En effet, si l'intérêt des régnicoles devait faire admettre la mesure de la détention provisoire à l'égard de l'étranger, qui pourrait toujours quitter le sol français avant qu'une condamnation pût être rendue contre lui, l'intérêt de l'humanité demandait aussi que cette mesure provisoire ne fût pas indéfiniment prolongée; et qu'on ne privât pas arbitrairement de sa liberté, pendant un laps de temps trop considérable, l'étranger contre lequel on ne pourrait obtenir plus tard une condamnation.

Peut-être même, à cet égard, conviendrait-il d'abréger le délai dans lequel le créancier doit former sa demande en justice; car il faut faire la moindre part possible à l'arbitraire, en matière de liberté; et l'on pourrait obliger le créancier qui a obtenu l'incarcération provisoire d'un étranger à se pourvoir en condamnation dans le délai de cinq jours.

Art. 9. « La détention d'un étranger non domicilié en France, et incarcéré en vertu de jugement de condamnation rendu, pour dette commerciale ou dette civile ordinaire, au profit d'un Français, cessera de plein droit après cinq ans, lorsque la condamnation sera au-dessous de 500 fr., et après dix ans, lorsqu'elle excédera 500 fr.

« S'il s'agit d'une dette civile, pour laquelle un Français

serait soumis à la contrainte par corps, le terme de la détention sera de dix années, quel que soit le montant de la condamnation. »

Art. 10. « L'article 6 de la présente loi est applicable aux étrangers, sauf le cas de stellionat. »

Jusqu'à présent, la jurisprudence avait déployé une excessive sévérité à l'égard des étrangers; mais il nous paraît certain qu'en se refusant à prononcer leur élargissement, soit après cinq années consécutives de détention, soit lorsqu'ils avaient atteint leur soixantième année, les tribunaux s'étaient montrés beaucoup plus rigoureux que le législateur lui-même.

Une loi, sous la date du 4 floréal an 6, avait soumis à la contrainte par corps les étrangers résidant en France, et qui n'y possédaient ni des propriétés foncières, ni un établissement de commerce, pour tous engagemens par eux contractés envers des Français.

L'art. 5 de cetteloi est ainsi conçu : « Tout jugement rendu dans les cas ci-dessus mentionnés ne pourra être exécuté qu'en conformité du titre 2 de la loi générale sur la contrainte par corps. (C'est la loi du 15 germinal an 6. )

Or, l'art. 18, qui fait partie de ce titre, prononçait l'élargissement de droit du débiteur, après cinq années de détention consécutive.

L'application de cette disposition tutélaire a été constamment refusée aux étrangers, sous le prétexte que les rédacteurs de la loi du 4 floréal an 6 ne s'en étaient référés à celle du 15 germinal, que relativement aux formalités à remplir pour procéder à l'arrestation du débiteur, et non pour ce qui concernait la durée de l'emprisonnement. On soutenait d'ailleurs que l'élargissement après cinq ans était une *faveur* dont les régnicoles seuls devaient profiter.

Tous les bons esprits s'affligeaient de la sévérité d'une telle jurisprudence, et sollicitaient une modification ou du moins une interprétation favorable des dispositions législatives sur lesquelles elle était basée.

On disait avec raison que la seule différence qui pouvait exister ici entre les Français et l'étranger, consistait à rendre ce dernier contraignable par corps, pour une dette quelconque, puisqu'il n'existait d'ordinaire contre lui aucun autre moyen d'exécution; mais qu'il y avait une sorte de barbarie à lui infliger une captivité perpétuelle, comme la peine de son insolvabilité, et à ne pas respecter chez lui les droits de la vieillesse.

Ces justes réclamations ont déjà trouvé de dignes interprètes dans l'autre chambre : et la cause de l'humanité sera sans doute défendue, devant la chambre des Pairs, par le commissaire du roi chargé de soutenir la discussion du nouveau projet. Il en a pris l'engagement solennel, en développant, à la séance du 12 juillet dernier la proposition tendant à supplier S. M. d'ordonner la révision des lois sur la contrainte par corps.

« Si le principe de la contrainte par corps envers les étrangers (disait M. Jacquinot-Pampelune) ne peut être méconnu, comment du moins ne serait-il pas modifié, en ce sens, que les étrangers jouiraient, quant à la durée de leur détention, des mêmes avantages que les nationaux ? Le motif qui fait admettre, à l'égard des Français, la limitation de la détention, est la présomption qu'après une longue privation de sa liberté, il ne reste plus au débiteur aucun moyen de libération; or, cette présomption n'est-elle pas également applicable aux Français et à l'étranger ? et ne peut-on pas dire même que la privation de la liberté est d'autant plus difficile à supporter pour celui qui, éloigné de sa famille, de ses amis, de sa patrie, en un mot, se trouve privé de toutes chances de consolation.

« J'appuierais donc de toutes mes forces une disposition hospitalière qui assimilerait les débiteurs étrangers aux Français , pour la durée de l'emprisonnement. »

Le titre 4 de la loi contient des dispositions communes aux trois titres précédens, et la plupart de ses articles doivent donner lieu à peu d'observations.

Art. 11. « La contrainte par corps n'est jamais prononcée contre le débiteur, au profit 1° de son mari ou de sa femme ; 2° de ses ascendans, descendans, frère ou sœur. »

Nous aimons à penser qu'une telle prohibition existait dans nos mœurs avant d'être consacrée par la loi. Du reste, n'eût-elle pour objet que de prévenir une seule fois le scandale d'un proche parent privant un parent de sa liberté, elle n'en devrait pas moins être sanctionnée par une disposition législative.

Art. 12. « Dans les affaires où les tribunaux civils ou de commerce statuent en dernier ressort, la disposition de leurs jugemens relative à la contrainte par corps sera sujette à l'appel; mais cet appel ne sera pas suspensif. »

La première partie de cet article fixe un point important, sur lequel la jurisprudence était incertaine. Dans quelques cours royales, l'appel était toujours admis, quoique la condamnation fût inférieure à mille francs on sait que les tribunaux civils et les tribunaux de commerce prononcent en dernier ressort, jusqu'à cette somme , quant au chef qui prononçait la contrainte par corps, à cause du prix qu'on doit attacher à la liberté d'un citoyen. D'autres cours royales, au contraire, déclaraient l'appel non recevable, parce qu'elles ne considéraient la contrainte par corps que comme un mode d'exécution ; et que c'est seulement d'après l'objet de la condamnation elle-même qu'on doit décider si un jugement a été rendu en premier ou en dernier ressort.

Mais la seconde partie de l'article, celle qui déclare que l'appel n'est pas suspensif, nous semble devoir être supprimée, ou du moins modifiée.

Si la voie de l'appel est ouverte au débiteur condamné par corps, c'est afin de faire juger, par la juridiction supérieure, si c'est à tort ou avec raison que ce mode rigoureux d'exécution a été autorisé contre lui. Il peut donc espérer que la cour le libérera de la contrainte par corps : dans une telle situation, l'obliger provisoirement à se constituer prisonnier, c'est lui faire subir sans utilité une condamnation injuste.

Une distinction doit être établie à cet égard : les jugemens des tribunaux de commerce sont exécutoires par provision ; il faut donc que cette exécution provisoire ait lieu malgré l'appel, mais de manière à ce qu'il n'en résulte pas un préjudice irréparable ; or, comme la condamnation elle-même est en dernier ressort et ne peut être modifiée par la cour, il faut, à cause de la faveur attachée à la liberté, autoriser seulement l'exécution par toutes les voies ordinaires, en suspendant l'exercice de la contrainte par corps jusqu'après la décision de la juridiction supérieure.

Quant aux jugemens émanés des tribunaux civils, l'appel est toujours suspensif ; et, par cela seul que cette voie est ouverte contre la disposition relative à la contrainte par corps, il serait contraire aux principes de droit d'en autoriser l'exécution provisoire, nonobstant l'appel.

Art. 15. « Dans aucun cas, la contrainte par corps ne peut être exécutée contre le mari et contre la femme, simultanément, *pour la même dette.*

C'est une innovation heureuse dans le projet de loi. Il ne faut pas qu'une famille puisse être à la fois privée de ses deux chefs. Peut-être même conviendrait-il de supprimer les derniers termes de l'article, afin que , *dans aucun cas* , le mari et la femme ne pussent être, en même temps, privés de leur liberté.

Art. 14. « Tout huissier, garde du commerce ou exécuteur du mandement de justice, qui , lors de l'arrestation d'un débiteur, se refuserait à le conduire en référé devant le président du tribunal de première instance, aux termes de l'art. 780 du Code de procédure civile , sera condamné à 1,000 f. d'amende, sans préjudice des dommages-intérêts. »

Il est bien d'avoir ainsi attaché la sanction pénale à une sage disposition de la loi. Toute la difficulté consiste à en assurer l'exécution, car le débiteur qui se trouve entre les mains de l'huissier ou du garde de commerce chargé de son incarcération, n'a pas le moyen de constater la demande qu'il aurait faite d'être conduit en référé.

Peut-être serait-il convenable d'obliger l'officier ministériel à conduire le débiteur devant le président, avant de procéder à son emprisonnement ; on aurait ainsi du moins la certitude qu'aucune plainte ne serait étouffée, et l'intervention d'un magistrat à l'acte dans lequel il s'agit de la liberté d'un citoyen, deviendrait une garantie pour l'intérêt privé, comme pour l'intérêt public.

Art. 15. « Aux cas prévus par les art. 798 et 800, § 2 du Code de procédure civile, le débiteur, pour empêcher l'exercice de la contrainte par corps ou pour obtenir son élargissement, ne sera jamais tenu de consigner d'autres frais liquidés, que ceux de l'instance, ceux de l'expédition et de la signification du jugement, et ceux de l'exécution relative à la contrainte par corps seulement.

Les rédacteurs du projet de loi ont voulu faire disparaître ici un contraste choquant, qui existe entre les art. 798 et 800 du Code de procédure.

D'après le premier de ces articles, le débiteur arrêté, mais non encore écroué doit obtenir sa mise en liberté, « en consignant entre les mains du greffier de la prison les causes de son emprisonnement et les frais de la capture. »

L'art. 800 porte que le débiteur *légalement incarcéré* obtiendra son élargissement... «Par le paiement ou la consignation des sommes dues, tant au créancier qui l'a fait emprisonner, qu'au recommandant, des intérêts échus, des frais liquidés, de ceux d'emprisonnement, et de la restitution des alimens consignés. »

Ainsi, d'après le rapprochement de ces deux articles, des conditions plus onéreuses sont imposées au débiteur pour obtenir sa liberté lorsqu'il a été écroué, qu'au moment où il est conduit à la maison d'arrêt, pour y subir sa détention.

C'est avec raison, que les rédacteurs du nouveau projet de loi n'ont pas consacré cette différence choquante entre deux cas également favorables, et qu'ils ont voulu qu'un débiteur malheureux, qui n'avait pu empêcher son emprisonnement, pût le faire cesser par le paiement ou la consignation des sommes qui auraient suffi pour empêcher la consommation des poursuites rigoureuses dirigées contre lui.

Mais il nous semble que l'article a imposé au débiteur des conditions trop onéreuses, soit pour prévenir, soit pour faire cesser son emprisonnement.

Sans doute, si le paiement ou la consignation à faire avait pour objet la libération entière et définitive du débiteur, il devrait ajouter au capital et aux intérêts de la dette les frais liquidés, plus une somme quelconque pour les frais non liquidés, conformément à l'art. 1258 du Code civil.

Or, ce n'est pas le but que la loi se propose ici. Il ne s'agit que d'empêcher ou de faire cesser la détention, et dès lors les sommes à payer ou à consigner sont seulement celles pour lesquelles la détention pourrait avoir lieu, c'est-à-dire, le capital et les intérêts de la créance, puisque la contrainte par corps ne peut être prononcée pour les frais.

Il y aurait, en effet, quelque chose de bizarre dans la position du débiteur, qui, étant parvenu à se procurer le montant de la somme dont la condamnation par corps a été prononcée contre lui, serait obligé de rester en prison, parce qu'il se trouverait hors d'état de payer des frais pour lesquels on n'aurait pas eu le droit de l'arrêter.

L'article du nouveau projet a modifié, il est vrai, l'art. 800 du Code de procédure, en restreignant les frais que le débiteur devait payer ou consigner pour obtenir sa liberté ; mais ce n'était pas assez d'une réduction à cet égard, il fallait une suppression totale; car, il est aussi injuste qu'illégal de prolonger la détention du débiteur, pour obtenir le paiement d'une somme à raison de laquelle la contrainte par corps ne pouvait être exécutée contre lui.

Ici encore on peut invoquer avec avantage l'opinion de l'honorable M. Jacquinot-Pampelune.

« C'est un principe reconnu, disait-il en développant sa proposition, que la contrainte par corps ne peut être prononcée que pour le principal et les intérêts de la dette, et qu'elle ne doit jamais l'être pour les frais. Ainsi, un débiteur qui aurait payé le principal et les intérêts ne pourrait être arrêté pour les frais.

« Cela posé, et s'il est vrai qu'avant son arrestation et avant d'être écroué, il doive obtenir sa liberté, en consignant le principal, les intérêts et les frais de capture, comment serait-il privé de ce droit avant d'être arrêté? Comment en serait-il privé, après qu'il aurait été écroué? et comment, parce que dans ce dernier cas il serait encore plus malheureux, ne pourrait-il plus obtenir sa liberté, qu'en payant des frais pour lesquels la contrainte par corps n'a pas été prononcée?

« Pour faire cesser ces graves abus, il suffira d'appliquer au cas où l'arrestation a été suivie de l'emprisonnement les dispositions de l'art. 798 du Code de procédure civile, et de donner ainsi aux débiteurs la faculté de prévenir ou de faire cesser l'exercice de la contrainte par corps, par le paiement ou la consignation du montant des causes pour lesquelles elle a été prononcée. »

Ainsi, il y a tout lieu d'espérer que l'art. 15 sera amendé, en ce sens, par la chambre des pairs.

Art. 16. « Tous paiemens postérieurs à la condamnation par corps seront imputés de droit, et nonobstant toutes stipulations contraires, sur les causes de la contrainte et de l'emprisonnement. »

On ne saurait trop applaudir à la sagesse d'une telle disposition; et la faveur due à la liberté réclamait ici une dérogation à la règle générale consacrée par le Code civil sur les imputations des paiemens.

Trop souvent un créancier impitoyable, abusant de la position de son débiteur, recevait de lui des sommes plus ou moins importantes, sans que sa position actuelle fût améliorée. Porteur d'une condamnation par corps, il se réservait de n'en faire usage que lorsque le débiteur, ayant épuisé ses moyens personnels de libération, pourrait encore implorer l'assistance de ses parens ou de ses amis pour obtenir sa liberté; et il imputait toutes les sommes à lui payées, sur des frais frustratoires, sur des intérêts souvent usuraires, et même sur d'autres dettes non exigibles, pour lesquelles il ne pouvait obtenir la contrainte par corps.

La disposition tutélaire de cet article est une de celles que M. Jacquinot-Pampelune avait lui-même sollicitées, en développant sa proposition à la chambre des députés.

Art. 17. « Le débiteur obtiendra son élargissement, en payant, ou consignant le tiers du principal de la dette et de ses accessoires, et en donnant pour le surplus une caution acceptée par le créancier, ou reçue par le tribunal civil, dans le ressort duquel ce débiteur sera détenu.

Art. 18. « La caution sera tenue de s'obliger solidairement avec le débiteur, à payer, dans un délai qui ne pourra excéder une année, les deux tiers qui resteront dus. S'il s'agit d'une dette commerciale, la caution sera contraignable par corps.

Art. 19. « A l'expiration du délai prescrit par l'article précédent, le créancier, s'il n'est pas intégralement payé, pourra exercer de nouveau la contrainte par corps contre le débiteur principal, sans préjudice de ses droits contre la caution. »

Aux termes de l'art. 18, n. 3 du titre 3 de la loi du 15 germinal an 6, le débiteur incarcéré pouvait aussi obtenir son élargisssement, en consignant un tiers de la dette, et en fournissant une caution pour le surplus ; mais comme cette disposition n'avait pas été reproduite dans l'art. 798 du Code de procédure, on en tirait la conséquence que le détenu pour une dette civile ne pouvait recouvrer sa liberté, qu'en payant ou consignant la totalité de la somme pour laquelle il avait été écroué.

Dans le projet de loi présenté en 1818, on sentit qu'il était convenable d'accorder cette faveur à tous les détenus pour dettes civiles ou commerciales ; mais, d'après l'article de ce projet de loi, c'était seulement après trois années consécutives de détention, que le débiteur pouvait être rendu à la liberté, en consignant le tiers de la dette ainsi que de ses accessoires, et en fournissant une caution pour le surplus.

Nous avions réclamé contre cette condition rigoureusement imposée à la faveur de la loi. « Quant au titre 2, disions-nous dans le Traité de la liberté individuelle, vol. 2, p. 141, il contient une amélioration importante, en ce qu'il abrége le délai après lequel un débiteur incarcéré peut obtenir son élargissement; mais il est fâcheux qu'il ne puisse obtenir cette faveur, qu'en consignant une partie de la dette, et en fournissant une caution pour le surplus. *Un tel mode de libération devrait être autorisé à l'instant même où le débiteur est emprisonné.*

Nous nous félicitons que notre vœu ait été accueilli par l'art. 17 du nouveau projet.

Mais une modification importante nous paraît devoir être apportée dans l'art. 18, pour ne pas rendre presque toujours illusoire la disposition bienveillante de la loi. Exiger que la caution soit contraignable par corps, s'il s'agit d'une dette commerciale, c'est presque réduire à l'impossibilité de trouver une caution celui qui est détenu pour une dette de cette nature; car si l'on consent à engager ses biens meubles et immeubles pour obliger un parent ou un ami, le dévouement le plus honorable a des bornes, lorsqu'il s'agit d'engager sa liberté.

D'une part, il n'est pas rigoureusement nécessaire que la caution d'un contraignable par corps soit elle-même soumise à ce mode rigoureux d'exécution; puisque l'art. 2060, n. 5 du Code civil exige qu'il y ait à cet égard une stipulation formelle entre le créancier et la caution.

D'autre part, la loi présentée à la chambre des députés le 2 mars 1818, dont plusieurs dispositions se trouvent reproduites dans le nouveau projet, ne soumettait pas la caution à la contrainte par corps, et se bornait à exiger qu'elle justifiât sa solvabilité par des immeubles libres.

Il n'y a donc aucun motif de prescrire une condition aussi rigoureuse et qui encore une fois aurait pour résultat d'empêcher la plupart des détenus de profiter de la faveur qui leur est offerte.

L'article 19 doit aussi donner lieu à une observation. Il n'est, d'ailleurs, que la reproduction littérale du projet de loi présenté au mois de mars 1818.

Au premier coup d'œil, rien ne paraît plus juste que de placer le créancier, obligé de recevoir un à-compte sur ce qui lui est dû, dans la même position où il se trouvait, pour le recouvrement des sommes qu'il a encore à réclamer.

Mais en y réfléchissant, il est facile de se convaincre que la mesure de la contrainte par corps est d'une rigueur excessive, à l'égard du débiteur qui a payé le tiers de sa dette et fourni une caution pour le surplus.

En effet, on peut supposer à l'égard du débiteur, qu'il a été obligé de souscrire à des sacrifices plus ou moins onéreux pour se procurer les fonds et la caution fournis au créancier; et s'il est vrai qu'il ne se soit imposé ces sacrifices que pour recouvrer sa liberté, il serait trop cruel de la lui enlever de nouveau, quand il a fait tout ce que la loi exigeait de lui.

A l'égard du créancier lui-même, on peut dire que sa position s'est améliorée, au moyen du contrat intervenu entre son débiteur et lui, avec la sanction de la loi; puisqu'au lieu d'une seule personne obligée, dont l'état de détention indiquait assez l'insolvabilité, il a désormais deux débiteurs,

( 53 )

dont l'un lui offre une entière garantie reconnue par lui-même ou vérifiée par la justice, et qu'en outre il a reçu comptant une partie de sa créance. Une sorte de novation s'est opérée dans la dette originaire, par ce changement de position ; et lorsque le créancier a la certitude d'obtenir son recouvrement, en exerçant ses droits contre la caution du principal obligé, il ne devrait pas lui être permis de priver de nouveau celui-ci de sa liberté.

Art. 20. « Le débiteur qui aura obtenu son élargissement, de plein droit, après l'expiration des délais fixés par les art. 5, 7 et 9 de la présente loi, ne pourra plus être détenu, pour condamnation antérieure à son arrestation ; à moins que les causes de ces condamnations n'entraînent, par la nature et la quotité des créances, une détention plus longue que celle qu'il aura subie, et qui, dans ce dernier cas, lui sera toujours comptée pour la durée de la nouvelle incarcération. »

Nous pensons que la dernière partie de cet article devrait être supprimée. On a raisonné ici comme s'il s'agissait de deux peines d'emprisonnement simultanément infligées, et dont le condamné doit subir la plus forte, pour satisfaire la vindicte publique. La détention du débiteur est un droit rigoureux dont il est permis au créancier d'user ou de ne pas user : celui qui était porteur d'une condamnation par corps, lorsqu'un autre créancier a fait écrouer leur débiteur commun, doit s'imputer de ne l'avoir pas fait recommander ; et lorsqu'après avoir subi le temps légal de sa détention, ce débiteur a franchi le seuil de la maison d'arrêt, il y a une sorte de cruauté à l'y réintégrer, parce qu'un créancier juge convenable d'exercer un droit rigoureux auquel il semblait avoir renoncé jusqu'alors.

Art. 21. Un mois après la promulgation de la présente

loi, la somme destinée à pourvoir aux alimens des détenus pour dettes devra être consignée d'avance, et pour trente jours au moins.

« Les consignations pour plus de trente jours ne vaudront qu'autant qu'elles seront d'une seconde ou de plusieurs périodes de trente jours.

Art. 22. « A compter du même délai d'un mois, la somme destinée aux alimens sera de trente francs à Paris, et de vingt-cinq francs dans les autres villes, pour chaque période de trente jours. »

Cette amélioration dans le sort des détenus pour dettes était sollicitée depuis long-temps, dans l'intérêt de l'humanité. Déjà la loi proposée en 1818, avait consacré dans son article 12 l'augmentation des alimens, en les fixant, comme le nouveau projet, à 25 francs et à 30 francs par mois. Peut-être même une telle fixation paraîtra-t-elle insuffisante aujourd'hui.

A l'occasion de cet article, il conviendrait peut-être de poser en principe que la somme allouée au détenu est exclusivement destinée à la nourriture, et que l'administration des prisons doit lui fournir gratuitement le logement et le modeste mobilier qui lui est indispensable; car, malgré l'augmentation de la somme accordée pour les alimens, elle serait encore insuffisante pour satisfaire aux premiers besoins de la vie, si la quotité devait en être diminuée par le prix de la location mensuelle des objets qui composent le chétif ameublement d'un détenu.

Il conviendrait aussi d'autoriser le créancier à ne consigner qu'un mois d'alimens à la fois. L'obligation dans laquelle il se trouverait de renouveler la consignation à des époques très rapprochées, donnerait la certitude que la détention du débiteur serait toujours le résultat d'une volonté libre et réfléchie ; celui-ci trouverait d'ailleurs une chance de plus, dans les soins que le créancier aurait à se donner pour le maintenir en état d'arrestation.

Un peu d'animosité accompagne d'ordinaire l'exercice de ce mode rigoureux d'exécution ; et celui qui se détermine à l'employer consigne d'avance plusieurs mois d'alimens, pour s'interdire en quelque sorte un pas rétrograde. Si la consignation n'était autorisée que pour un mois, le créancier aurait plus tôt et plus souvent l'occasion de réfléchir sur la sévérité excessive de la mesure dont le malheureux débiteur est l'objet ; et ce dernier recouvrerait plus d'une fois sa liberté, à l'expiration de son premier mois de détention.

Enfin, il faudrait exiger un pouvoir spécial pour chaque consignation ; soit afin d'éviter ce qui est arrivé quelquefois, une consignation d'alimens au nom d'un créancier décédé, soit afin d'avoir la certitude de l'intervention directe du créancier dans tout acte tendant à prolonger la détention du débiteur.

Art. 23. « Au cas d'élargissement faute de consignation d'alimens, il suffira que la requête présentée au président du tribunal civil soit signée par le débiteur détenu et par le gardien de la maison d'arrêt pour dettes, ou même certifiée véritable par le gardien, si le prévenu ne sait pas signer.

« Cette requête sera présentée en *duplicata* : l'ordonnance du président, aussi rendue par *duplicata*, sera enregistrée *gratis* et exécutée sur l'une des minutes qui restent entre les mains du gardien ; l'autre minute sera déposée au greffe du tribunal.

Les rédacteurs du nouveau projet ont introduit ici une amélioration notable dans les dispositions de la loi du 15 germinal an 6.

Il résultait du rapprochement des art. 13 et 14 du titre 3

de cette loi, que pour obtenir sa mise en liberté, faute de consignation d'alimens, le débiteur incarcéré devait notifier sa requête aux créanciers poursuivans et recommandataires; et c'est dans le même sens qu'on appliquait aux détenus pour dettes civiles les art. 803 et 805 du Code de procédure.

Voici les observations que nous présentions, au sujet de la loi du 15 germinal, dans le Traité de la liberté individuelle, vol. 2, p. 111.

« La procédure ne devrait pas être la même dans deux cas entièrement différens. Quand le débiteur veut exciper de l'omission d'une formalité quelconque, pour faire prononcer la nullité de son emprisonnement, il peut y avoir des difficultés sur l'appréciation des actes; dès lors, on conçoit la nécessité d'appeler les créanciers, pour qu'un débat contradictoire puisse s'engager entre eux et leur débiteur.

« Mais quand il y a défaut de consignation d'alimens, et que ce fait matériel se trouve établi *d'une manière légale*, par le certificat du concierge ou gardien de la maison d'arrêt, comme l'élargissement du détenu doit en être la *conséquence nécessaire*, il doit l'obtenir sur simple requête, sans avoir besoin d'appeler les créanciers pour le voir ordonner. »

Art. 24. « Le débiteur élargi, faute de consignation d'alimens, ne pourra plus être incarcéré pour la même dette. »

C'est avec raison que les rédacteurs du nouveau projet ont modifié à cet égard l'art. 804 du Code de procédure, qui, dans le cas d'élargissement faute de consignation d'alimens, autorise le créancier à faire de nouveau emprisonner son débiteur, en lui remboursant les frais par lui faits pour obtenir son élargissement, et en consignant six mois d'alimens d'avance.

L'inexactitude du créancier à consigner des alimens peut être considérée comme un consentement tacite à ce que le détenu recouvre la liberté ; et dès lors on ne doit plus l'admettre à exercer contre lui la contrainte par corps.

Art. 25. « Les dispositions du présent titre, et celles du Code de procédure civile sur l'emprisonnement, sont applicables à l'exercice de toute contrainte par corps, soit pour dettes commerciales, soit pour dettes civiles. »

Jusqu'à présent les tribunaux éprouvaient toujours quelque embarras, en présence des diverses dispositions législatives qui réglaient cette matière importante ; et par exemple ils refusaient d'ordinaire d'appliquer aux détenus pour dettes civiles plusieurs dispositions favorables de la loi du 15 germinal, par cela seul qu'elles n'avaient pas été reproduites dans le Code de procédure.

Une telle incertitude ne peut exister désormais, en présence de l'article que nous venons de citer.

Seulement il serait peut-être convenable d'apporter quelque changement dans sa rédaction ; et comme plusieurs articles du nouveau projet abrogent ou modifient d'autres articles correspondans du Code de procédure, il faudrait indiquer ceux de ces derniers articles qui ont perdu leur autorité législative ; et ajouter que les autres articles du même titre et ceux de la loi nouvelle sont applicables à la contrainte par corps, en matière civile, comme en matière commerciale.

Dans le titre 5 du projet de loi, ses rédacteurs ont réuni les dispositions relatives à la contrainte par corps, en matière criminelle, correctionnelle et de police.

Sur cette matière importante, il a fallu coordonner un système de législation presque entièrement nouveau ; car la

loi du 15 germinal an 6, le Code civil et le Code de procédure ne se sont occupés que de régler la contrainte par
corps, pour dettes civiles et commerciales ; et le Code d'instruction criminelle ne contient lui-même qu'un très petit
nombre de dispositions sur l'emprisonnement auquel peuvent donner lieu les condamnations pécuniaires prononcées
par les tribunaux criminels ou correctionnels ; de telle sorte
que la jurisprudence n'a pu baser sa décision à cet égard
que sur quelques décrets de l'ancien chef du gouvernement
et des avis du conseil d'état auxquels on pouvait contester
l'autorité législative.

Art. 26. « Les arrêts, jugemens et exécutoires portant condamnation, au profit de l'état, à des amendes, restitutions,
dommages-intérêts et frais, en matière criminelle, correctionnelle ou de police, ne pourront être exécutés, par la voie
de la contrainte par corps, que cinq jours après le commandement qui sera fait aux condamnés, à la requête du
receveur de l'enregistrement et des domaines.

« Dans le cas où le jugement de condamnation n'aurait
pas été précédemment signifié au débiteur, le commandement portera en tête un extrait de ce jugement, lequel con-
tiendra le nom des parties et le dispositif.

« Sur le vu du commandement, et sur la demande du receveur de l'enregistrement et des domaines, le procureur
du roi adressera les réquisitions nécessaires aux agens de la
force publique, ou autres fonctionnaires chargés de l'exécution des mandemens de justice.

« Si le débiteur est détenu, la recommandation pourra être
ordonnée, immédiatement après la notification du commandement. »

Des termes dans lesquels est conçu le premier alinéa de
cet article, il semblerait résulter qu'au moment de la publi

cation de la loi nouvelle, il était déjà consacré en principe
que la contrainte par corps était accordée au trésor public,
non seulement pour les amendes, dommages-intérêts et restitutions, mais encore pour les frais dont l'état avait fait l'a-
vance, en matière criminelle, correctionnelle et de police ;
de telle sorte qu'il ne s'agissait plus que de régler l'exercice
de la contrainte par corps.

Or, il n'en était pas ainsi : l'article 41, titre 2 de la loi du
22 juillet 1791 autorisait bien l'exercice de la contrainte par
corps, pour les *dommages-intérêts*, *les restitutions et les
amendes* qui seraient prononcées en police correctionnelle :
mais il s'agissait de décider si l'on pouvait comprendre dans
ces expressions les frais dont l'état avait fait l'avance.

Un décret du 30 septembre 1809 décida l'affirmative ; et
cette opinion fut adoptée par la cour de cassation ; mais
presque tous les tribunaux avaient repoussé une telle interprétation, comme évidemment contraire au texte de la loi.

Dans mon *Traité de la liberté individuelle*, vol 2, p. 120,
j'ai discuté les motifs du décret impérial de 1829, et dé-
fendu l'opinion de diverses cours royales contre celle de la
cour de cassation ; je suis arrivé à cette conséquence, qu'il
pouvait être convenable d'autoriser la contrainte par corps
pour le recouvrement des frais en matière correctionnelle,
puisque c'était une créance du trésor public ; mais qu'il fallait
qu'une disposition législative l'ordonnât ; et qu'un décret
rendu par voie d'interprétation ne pouvait atteindre ce but,
surtout quand l'interprétation était évidemment erronée.

Ainsi, en l'absence de toute disposition précise dans la législation antérieure, il nous semble qu'on devrait poser
d'abord en principe, dans le premier alinéa de l'art. 36,
que la contrainte par corps est de droit, ou qu'elle peut être
prononcée pour les diverses condamnations que cet article

énumère; sauf à expliquer ensuite de quelle manière la contrainte par corps doit être exercée; et à cet égard, l'article ne paraît rien laisser à désirer, puisqu'il exige le concours du receveur de l'enregistrement et des domaines, qui est le mandataire comptable de l'état, et du procureur du roi, chargé de diriger toutes les actions et poursuites dans l'intérêt public.

Toutefois, il convient de signaler deux circonstances qui paraissent nécessiter une disposition spéciale, dans l'article dont nous nous occupons.

Lorsqu'il existe une partie civile dans les procès criminels ou correctionnels, c'est-à-dire, un plaignant qui vient demander à la justice la réparation du dommage que le crime ou le délit lui a causé, la condamnation aux dépens est prononcée contre lui, quoique la condamnation du prévenu démontre que sa plainte était fondée; de telle sorte qu'au cas d'insolvabilité du condamné, le trésor public poursuit la partie civile en paiement des frais.

Il y a quelque chose d'absurde et de cruel dans cette disposition de nos lois pénales, dont l'application conduit quelquefois à ce résultat monstrueux : que celui qui a souffert une atteinte grave dans sa propriété, par un délit ou par un crime, peut voir sa ruine consommée par la justice elle-même à laquelle il demande la réparation du préjudice qu'il a souffert.

On doit espérer que si l'on s'occupe enfin de la révision de nos lois pénales, on supprimera une disposition qui blesse à la fois la raison et l'humanité ; mais, en attendant, il convient de prévenir un abus plus révoltant qu'il serait possible d'en faire encore, d'après la loi proposée.

La contrainte par corps étant prononcée pour les frais dont le trésor public a fait l'avance en matière criminelle ou correctionnelle, il serait possible qu'après avoir fait vendre les meubles de la partie civile, on voulût la mettre en prison, pour la contraindre au paiement de ces frais.

Il est facile de prévenir cette application, par trop fiscale de la nouvelle loi, en expliquant que ce n'est que contre le prévenu ou l'accusé condamné, que la contrainte par corps peut être exercée, pour le recouvrement des fonds avancés par l'état.

Ainsi cette voie rigoureuse d'exécution ne serait autorisée ni contre le plaignant qui s'est constitué partie civile, ni contre celui qui, étant étranger au délit, en est déclaré civilement responsable; parce qu'à son égard, la condamnation aux dommages-intérêts et aux frais devient une condamnation purement civile, qui n'est pas de nature à entraîner la contrainte par corps.

Art. 27. « Les individus contre lesquels la contrainte par corps aura été mise à exécution, aux termes de l'article précédent, subiront l'effet de cette contrainte, jusqu'à ce qu'ils aient payé le montant des condamnations, ou fourni une caution admise par le receveur des domaines, ou, en cas de contestation de sa part, déclarée bonne et valable par le tribunal civil de l'arrondissement.

Art. 28. « Néanmoins les condamnés qui justifieront de leur insolvabilité, suivant le mode prescrit par l'art. 420 du Code d'instruction criminelle, seront mis en liberté après avoir subi quinze jours de détention, lorsque l'amende et les autres condamnations pécuniaires n'excéderont pas 15 fr.; un mois, lorsque ces condamnations s'élèveront de 15 à 50 f.; deux mois, lorsque ces condamnations s'élèveront de 50 à 100 f.; et six mois, lorsqu'elles s'élèveront au-dessus de 100 f. »

Chacun de ces articles doit donner lieu à quelques observations importantes.

Et d'abord, à l'égard de l'art. 27, on peut se demander s'il n'existe pas de prescription à l'égard du fisc, et si l'on peut établir dans son intérêt des peines perpétuelles.

Quoi! après cinq ans d'emprisonnement, celui qui a été reconnu coupable du délit correctionnel le plus grave doit être rendu à la liberté, et l'on pourra retenir indéfiniment captif celui qui aura été condamné à une amende et à quelques frais!...

Mais, dit-on, il dépendra de lui de faire cesser son état de détention, soit en payant ou en fournissant une caution, s'il en a les moyens, soit en justifiant qu'il est hors d'état de se libérer.

Cette réponse n'est pas complétement satisfaisante. Un homme peut se croire frappé par une condamnation injuste; il penserait la reconnaître en faisant une démarche quelconque pour en atténuer l'effet; il laisse agir la loi, et la loi ne doit pas être barbare.

D'ailleurs, quelle est ici la qualité du trésor public? c'est celle d'un créancier, et c'est assez qu'on lui accorde l'exercice de ce droit rigoureux de la contrainte par corps que l'on dit réclamé par l'intérêt du commerce, sans lui accorder un droit exorbitant qu'aucun autre créancier n'oserait réclamer.

Or, lorsqu'un débiteur est détenu pour une créance civile ou commerciale, l'incarcérateur n'a pas à s'informer si c'est par entêtement ou par impossibilité de payer qu'il subit la détention. Il existe ici une présomption légale d'insolvabilité, à l'égard de celui qui se résigne à subir cinq ans d'emprisonnement; et le créancier ne pourrait le retenir plus long-temps sous les verroux, même en rapportant la preuve qu'il a les moyens d'acquitter sa dette.

Il doit en être de même à l'égard du trésor public; et

lorsque le condamné ne veut pas user de la faveur qui lui est accordée par l'art. 28, il devrait obtenir de plein droit sa liberté, d'après l'article précédent, par le laps de temps après lequel un débiteur obtient son élargissement, en matière civile ou commerciale.

Toutefois, est-ce bien réellement une faveur que l'article 28 accorde au condamné qui se trouve débiteur d'une somme quelconque, pour amende, dommages-intérêts ou frais? nous ne le pensons pas; et il nous semble, au contraire, que loin d'être indulgent, on n'est même pas juste à son égard.

Depuis long-temps les bons esprits se sont récriés contre cette espèce d'impôt immoral établi sur les délits et les crimes qui affligent la société; de telle sorte qu'on aura à se plaindre d'un déficit dans nos finances, à mesure que les mœurs publiques s'amélioreront.

Quelquefois même on peut établir un rapprochement assez singulier au sujet de ces peines pécuniaires. Par exemple, dans le délit d'habitude d'usure, on prononce une amende souvent considérable, puisqu'elle peut s'élever au quart des capitaux prêtés; et tandis que les imprudens ruinés par les usuriers ne peuvent obtenir aucune réparation, n'étant pas même admis à se rendre parties civiles dans les poursuites correctionnelles dont ils sont l'objet, le trésor public reçoit, sous le titre d'amende, une somme à peu près égale à celle dont les victimes de l'usure ont été elles-mêmes dépouillées.

Quoi qu'il en soit, cette peine pécuniaire ne peut jamais être convertie en peine corporelle et *vice-versâ*; car s'il en était ainsi, nous retomberions dans ces siècles de barbarie où les punitions proprement dites ne frappaient que le pauvre, parce que le riche rachetait ses délits et ses crimes à prix d'argent.

Dès lors que l'amende n'est en réalité qu'une créance du trésor public, ainsi que les frais et les dommages-intérêts que le projet de loi place sur la même ligne, on ne conçoit pas pourquoi le condamné est retenu en prison, pendant un espace de temps plus ou moins considérable, quand il a légalement justifié de son insolvabilité. N'est-ce pas en quelque sorte le punir de sa misère, après l'avoir puni du délit dont il a pu se rendre coupable?

N'y a-t-il pas d'ailleurs quelque chose qui choque les mœurs françaises, dans ce calcul minutieux de la durée de l'emprisonnement suivant l'importance des condamnations, où l'on voit que la liberté d'un homme est évaluée à peu près vingt sous par jour?

Il serait plus digne du législateur, comme exception à l'article 27 qui fixerait la durée de la détention dans des circonstances ordinaires, de disposer dans l'article 28, que celui qui justifierait, dans une forme déterminée, de son impossibilité d'acquitter les condamnations pécuniaires prononcées contre lui, serait immédiatement mis en liberté.

Cette modification dans l'article serait un hommage à la justice, qui ne veut jamais de rigueurs inutiles, en même temps qu'elle aurait pour résultat de libérer le trésor public des frais de nourriture des condamnés insolvables.

Art. 29. « Lorsque la contrainte par corps aura cessé en vertu de l'article précédent, elle pourra être reprise s'il survient aux condamnés quelque moyen de solvabilité. »

Art. 30. « Dans tous les cas, la détention, employée comme moyen de contrainte, est indépendante des peines prononcées contre les condamnés. »

Quoique sévères, ces deux dispositions nous semblent parfaitement justes.

En effet, lorsque, dans une vue de bienveillance et d'humanité, le trésor public a renoncé à exercer la contrainte par corps, parce que l'insolvabilité du débiteur ne lui permettait d'attendre aucun résultat de cette mesure rigoureuse, il doit lui être permis de recourir à ce mode d'exécution, lorsque le condamné, revenu à une meilleure fortune, refuse d'acquitter les condamnations pécuniaires prononcées contre lui.

D'un autre côté, il était juste de ne pas confondre la détention, qui est la suite du droit qu'a le trésor public, comme créancier privilégié, de recouvrer, par tous les moyens possibles, les sommes qui lui sont dues, avec l'emprisonnement infligé comme une peine, dans l'intérêt de la vindicte publique: et la privation de la liberté que souffre le condamné, en vertu du jugement ou de l'arrêt rendu contre lui, est tout-à-fait indépendante de la contrainte par corps dont il est ultérieurement l'objet, pour l'obliger à acquitter l'amende, les dommages-intérêts et les frais.

Art. 31. « Les arrêts et les jugemens contenant des condamnations en faveur des particuliers pour réparation de crimes, délits ou contraventions, commis à leur préjudice, seront, à leur diligence, signifiés et exécutés suivant les mêmes formes et voies de contrainte que les jugemens portant des condamnations au profit de l'état.

« Toutefois, les parties poursuivantes seront tenues de pourvoir à la consignation d'alimens, aux termes de la présente loi, lorsque la détention aura lieu à leur requête et dans leur intérêt. »

Il paraît résulter de cet article, ainsi que des deux suivans, que la voie de la contrainte par corps est accordée à la partie civile, pour le paiement des dommages-intérêts à elle alloués, lors même que ces dommages-intérêts seraient inférieurs à 300 fr.

A cet égard, le nouveau projet de loi déroge à l'art. 126 du Code de procédure, qui ne permet de prononcer la contrainte par corps, pour dommages-intérêts, en matière civile, que lorsqu'ils excèdent 300 fr. Une telle dérogation est suffisamment justifiée par cette considération, qu'il s'agit ici d'un fait qualifié délit; et que, par conséquent, les moyens les plus énergiques doivent être accordés, soit pour sa répression, dans l'intérêt de la société, soit pour la réparation du préjudice causé par ce délit.

Toutefois, une modification nous semble devoir être apportée à la rédaction de l'art. 31.

La condamnation à des dommages-intérêts n'est pas toujours uniquement prononcée contre l'auteur du délit ou du crime, mais encore contre ceux qui en sont civilement responsables, tels que les père et mère, les maîtres et les instituteurs.

A l'égard de ces derniers, nous ne pensons pas que de semblables motifs existent pour les condamner, par corps, au paiement des dommages-intérêts, lorsqu'on ne peut d'ailleurs leur attribuer aucune participation au fait constitutif du délit; puisqu'il ne s'agit que de leur appliquer un principe rigoureux consacré par la loi civile (l'art. 1384 du Code civil, auquel se réfère l'art. 34 du Code pénal).

Il conviendrait d'ajouter à l'art. 31 une disposition portant, qu'à l'égard des personnes étrangères au délit, mais contre lesquelles une condamnation de dommages-intérêts pourrait être prononcée, comme civilement responsables, les juges auraient la faculté d'accorder ou de refuser la contrainte par corps, conformément à l'art. 126 du Code de procédure.

Ainsi, ce n'est que dans le cas où une négligence grave pourrait leur être imputée, et lorsque d'ailleurs les dommages-intérêts excéderaient 300 francs, que la contrainte par corps pourrait être prononcée contre la personne civilement responsable du délit ou du crime.

Art. 32 « Lorsque la condamnation prononcée n'excédera pas 300 francs, la mise en liberté des condamnés, arrêtés ou détenus à la requête et dans l'intérêt des particuliers, ne pourra être accordée, en vertu des art. 27 et 28, qu'autant que la validité des cautions ou l'insolvabilité des condamnés auront été, en cas de contestation, jugées contradictoirement avec le créancier.

Art. 33. « Si la condamnation excède 300 francs, la durée et les effets de la détention, à la requête de la partie lésée, seront réglés, conformément aux dispositions de la présente loi, relative à la contrainte par corps, en matière civile. »

Nous pensons qu'il conviendrait de supprimer ce dernier article, ainsi que le commencement de l'art. 32 : *lorsque la condamnation prononcée n'excédera pas 300 francs.*

Assurément, un simple particulier ne peut se plaindre de ce que pour le paiement des dommages-intérêts à lui accordés, on le place sur la même ligne que le trésor public, pour le recouvrement de l'amende, des frais, ainsi que des dommages-intérêts qui peuvent être accordés à l'état.

Ce qu'il peut demander, et ce que l'art. 32 lui accorde avec raison, c'est d'être appelé à discuter la solvabilité de la caution que le détenu présente, ou à vérifier l'insolvabilité dont il excipe pour obtenir sa mise en liberté.

On pourrait aussi lui rendre commune la disposition de l'art. 29, et l'autoriser à exercer la contrainte par corps contre le condamné, s'il lui survient quelque moyen de solvabilité.

Mais on ne conçoit pas pourquoi obligé de subir la loi, de la nécessité, quand ses dommages-intérêts n'excèdent pas 300 francs, on lui permettrait d'exercer une rigueur inutile.

en retenant un malheureux dans les fers, parce qu'on lui aurait adjugé 3o1 fr. de dommages-intérêts.

Les partisans de la contrainte par corps sont forcés de reconnaître, qu'elle n'a d'autre but que de forcer un débiteur à remplir ses engagemens; et lorsqu'on a acquis la démonstration légale que ce mode rigoureux d'exécution serait sans résultat, comme dans le cas prévu par l'art. 28 du projet de loi; lorsque ce fait est démontré d'une manière si évidente que le fisc impitoyable ouvre lui-même au débiteur les portes de sa prison, il y aurait de la barbarie à autoriser un créancier à y replonger le malheureux qui allait jouir de la liberté : ce serait légitimer un acte de folie et de vengeance.

Il ne s'agirait pas, d'ailleurs, dans le sens de l'art. 33, d'un nouveau délai d'épreuve de quelques mois, ou même d'une année, accordé au créancier impitoyable, pour s'assurer si son débiteur n'aurait pas quelques moyens de le satisfaire : c'est pendant *dix années entières*, qu'il retiendrait captif un homme dont l'insolvabilité aurait été reconnue par la justice.

Ainsi, il y a tout lieu d'espérer que ces dispositions sévères, dont les rédacteurs du projet de loi n'ont pas sans doute calculé toutes les conséquences, recevront à la chambre des pairs les modifications réclamées par la raison et par l'humanité.

Toutefois, les articles que nous examinons en ce moment, peuvent eux-mêmes fournir l'occasion d'une amélioration bien autrement importante, puisqu'elle enlèverait à la contrainte par corps ce caractère d'une *mesure rigoureuse et inutile* signalé par tous ceux qui, à diverses époques, en ont demandé l'abolition.

Puisque le trésor public lui-même, après quelques mois

d'épreuve, consent à l'élargissement du débiteur qui a justifié de son insolvabilité, pourquoi celui-ci ne jouirait-il pas de la même faveur, lorsqu'il est détenu à la requète d'un simple particulier, pour une dette civile ou commerciale?

Si l'on est forcé de reconnaître que la contrainte par corps n'est pas une PEINE *contre celui qui est hors d'état de payer*, mais seulement un MODE D'EXÉCUTION accordé au créancier à l'égard du débiteur qui, ne voulant pas remplir ses engagemens, a trouvé le moyen de dénaturer sa fortune; il nous semble qu'on ne peut refuser de rendre à la liberté celui qui a légalement justifié de son insolvabilité.

Le cession de biens ne nous paraît pas propre à atteindre un tel but, à cause des procédures longues et coûteuses qu'elle entraîne : c'est une faveur dont le débiteur malheureux ne peut presque jamais profiter; elle n'est souvent utile qu'à l'homme de mauvaise foi, qui a su traiter d'avance avec quelques-uns des créanciers dont le concours lui est nécessaire.

Il conviendrait d'admettre le débiteur incarcéré au *bénéfice d'insolvabilité* tel qu'il existe en Angleterre. Pour cela, il lui suffit de faire connaître sa situation active et passive, par un acte signifié aux seuls créanciers qui l'ont incarcéré ou recommandé. Si ceux-ci ne prouvent pas qu'il y ait inexactitude ou fraude, et si d'ailleurs l'état de situation établit l'impossibilité de payer, le débiteur est admis à l'affirmation, et déclaré libre de sa personne.

Art. 34. « Les art. 11, 13, 14 et 16 de la présente loi sont applicables à la contrainte par corps exercée par suite de condamnation criminelle, correctionnelle et de police. »

Pour se convaincre de la bonté de cette disposition, il suffit de consulter les divers articles auxquels celui-ci se réfère.

C'est un principe général, que les lois protectrices des droits des citoyens doivent produire leur effet, à l'instant même où elles sont promulguées, et que ceux-là doivent participer à leurs dispositions bienveillantes, qui éprouvent les rigueurs de la législation antérieure.

Le nouveau projet de loi a introduit des améliorations importantes : 1° en fixant la durée de la détention pour les dettes civiles, qui jusqu'à présent avait été illimitée; 2° en affranchissant, dans certains cas, les septuagénaires de la contrainte par corps, et en limitant, dans d'autres cas, la durée de leur emprisonnement en matière commerciale; 3° en expliquant ou modifiant les dispositions des lois antérieures, qui semblaient soumettre les étrangers à une détention perpétuelle; 4° en offrant aux détenus par suite de condamnations criminelles, correctionnelles ou de police, des moyens plus prompts et plus faciles de recouvrer leur liberté.

Ces diverses classes de détenus verront leur sort s'améliorer par la publication de la loi nouvelle; aussi a-t-elle dû consacrer à leur égard des dispositions transitoires qui sont contenues dans le titre 6.

Article 35. « Les débiteurs âgés de plus de 70 ans, actuellement détenus pour défaut de paiement de lettres de change, obtiendront leur élargissement, conformément aux règles prescrites par l'art. 4.

« Un mois après la promulgation de la présente loi, tous autres détenus pour dettes commerciales, qui auront commencé leur 70e année, obtiendront leur élargissement. »

Cette dernière disposition est claire et précise. Il en résulte que le septuagénaire retenu prisonnier, pour une dette commerciale autre qu'une lettre de change, obtiendra de plein droit son élargissement.

Seulement, on se demande pourquoi ce délai d'un mois

après la promulgation de la loi. Un mois est bien long lorsqu'il s'agit de recouvrer sa liberté, surtout pour un vieillard qui peut avoir à craindre de n'en pas jouir long-temps.

Quant au premier *alinéa* de l'article, sa rédaction nous semble obscure; et il est difficile d'en bien saisir le sens.

Que signifie, en effet, cette déclaration relative aux septuagénaires détenus pour défaut de paiement de lettres de change, *qu'ils obtiendront leur élargissement conformément aux règles prescrites par l'art. 4*, lorsque cet article ne contient aucune disposition relative à l'élargissement; et qu'il porte, au contraire, que les débiteurs âgés de 70 ans seront contraignables par corps, s'il s'agit de lettres de change dans lesquelles ils auront figuré comme tireurs, accepteurs, endosseurs ou donneurs d'aval, et même de lettres de change réputées simples promesses, ou de billets à ordre causés pour opérations de commerce, trafic, banque, change ou courtage?

Il n'a pas été sans doute dans la pensée du rédacteur du projet, de traiter les septuagénaires détenus en ce moment, avec plus de faveur que ceux contre lesquels on conservait à l'avenir la contrainte par corps; et comme ce projet lui-même autorise leur arrestation; lorsqu'il s'agit de lettres de change, on ne conçoit pas d'après quel motif il rendrait à la liberté ceux qui se trouveraient détenus pour une semblable cause.

Si, comme nous avons tout lieu de l'espérer, on supprime l'exception consacrée par l'art. 4 à la règle générale qui affranchit les septuagénaires de la contrainte par corps, en matière commerciale, on pourra se borner à dire dans l'art. 35 que les septuagénaires détenus, en vertu des lois précédentes, seront immédiatement rendus à la liberté.

Dans le cas, au contraire, où l'on persisterait à mainte-

nir cette exception, il faudra seulement autoriser les septuagénaires, à l'égard desquels la contrainte aurait été exercée, pour cause de lettres de change, à invoquer l'art. 6,
qui autorise l'élargissement du débiteur après deux années
de détention, soit du jour de son arrestation, si, à cette époque, sa soixante-dixième année était commencée, soit du
jour où il l'aura commencée depuis son arrestation.

Quelque parti qu'on adopte, relativement aux dispositions
du titre 1ᵉʳ du projet de loi, il sera toujours indispensable
d'apporter quelque changement dans la rédaction de l'article 35.

Art. 36. « Après le même délai d'un mois, les individus
actuellement détenus pour dettes civiles emportant la contrainte par corps, et dont la détention aura, suivant la nature
de la dette, duré 5 ou 10 années, conformément à l'art. 7,
obtiendront leur élargissement. »

On ne peut qu'applaudir à l'intention bienveillante qui a
dicté cette disposition; et sauf l'observation que nous avons
déjà présentée, relativement au délai d'un mois, qui nous
semble trop long pour appliquer la loi à ceux qu'on a voulu
protéger, il est certain que les détenus, auxquels la liberté va
être rendue, oublieront qu'ils en ont été privés pendant un
long espace de temps.

Mais il faudrait songer aussi à ceux qui, retenus prisonniers
seulement depuis une ou deux années, ne doivent profiter
que beaucoup plus tard des dispositions de la nouvelle
loi.

La plupart d'entr'eux avaient pensé que la contrainte
par corps serait abolie : l'expérience qu'on acquiert d'ordinaire dans la captivité supplée à l'étude; et parmi les détenus de Sainte-Pélagie, il en est un grand nombre qui pourraient démontrer, avec toute la logique du plus habile juris-

consulte, que l'emprisonnement ne devrait exister dans nos lois que comme une peine; et que pour motiver la suppression de la contrainte par corps appliquée aux débiteurs, il suffirait d'invoquer ces paroles de Montesquieu, citées par Mgr. le garde des sceaux : « La loi doit préférer la liberté d'un citoyen à l'aisance d'un autre. »

Ceux qui savent combien il est difficile de détruire un principe, établi dans nos lois par une sorte de prescription, espéraient du moins d'importantes améliorations dans l'application de ce principe. Leurs espérances semblaient même justifiées d'avance, par les discours prononcés aux chambres, dans les diverses circonstances où des pétitions adressées dans l'intérêt des détenus pour dettes avaient mis, pour ainsi dire, en présence, l'intérêt prétendu du commerce et l'intérêt certain mais non moins sacré de l'humanité.

En général, on supposait que la durée de l'emprisonnement serait abrégée, parce qu'une épreuve de cinq années de détention semblait trop longue et trop cruelle, pour s'assurer de l'insolvabilité d'un débiteur.

Ce que chacun espérait du moins, c'est que la loi nouvelle réparerait l'omission de la législation précédente, à l'égard de l'emprisonnement pour dettes civiles, dont la durée n'avait pas été fixée; et comme les partisans de la contrainte par corps en parlaient toujours comme d'une concession faite aux exigences du commerce, il n'était guère permis de supposer qu'une condamnation pour dettes civiles dût entraîner une détention plus prolongée qu'une condamnation commerciale.

Aussi, la disposition du projet qui fixe à dix années la durée ordinaire de l'emprisonnement, pour les dettes civiles, sera sans doute l'une de celles que la chambre des pairs s'empressera de modifier; d'autant qu'à cet égard on n'a pas à lutter contre les partisans de la contrainte par corps.

Nous avons émis notre vœu à cet égard, dans nos observations sur l'art. 7, relativement à ceux qui auraient à subir plus tard l'application de cet article.

Il nous est permis de le reproduire ici, dans l'intérêt de ceux qui languissent aujourd'hui sous les verroux : depuis long-temps ils attendent une loi nouvelle qui doit améliorer leur sort; et nous ne craignons pas de le dire, la précision de cette loi leur semblerait plus cruelle que le silence de l'autre, si elle annonçait encore sept, huit ou neuf années de captivité à ceux qui se trouvent en ce moment détenus pour dettes civiles.

Dans tous les cas, et pour prévenir toute fausse interprétation, il convient d'ajouter dans l'art. 36, que le délai qui aura couru depuis l'arrestation du débiteur jusqu'à la publication de la nouvelle loi, sera compté dans celui après lequel cette loi ordonne son élargissement.

Avant de passer aux derniers articles du projet, qui ne sont plus relatifs à la contrainte civile et commerciale, nous croyons devoir signaler une omission grave, dans les dispositions transitoires.

Ce n'est pas seulement à l'égard des septuagénaires et des détenus pour dettes civiles que la législation antérieure a été améliorée; des modifications importantes ont également été apportées aux principes qui régissent la contrainte par corps en matière commerciale; et dès lors, il est naturel que les détenus de cette dernière espèce participent, comme les autres, aux dispositions bienveillantes de la nouvelle loi.

Ainsi, d'après l'art. 1er, en matière commerciale, la contrainte par corps ne peut être prononcée que pour une somme de 200 fr. ou au-dessus; il faudrait donc ordonner l'élargissement de ceux qui se trouvent aujourd'hui détenus pour une somme moindre.

D'après l'art. 5, la détention pour dette commerciale doit cesser de plein droit, après trois années, lorsque le montant de la condamnation principale ne s'élève pas à 500 fr. : il faudrait dès lors ajouter une disposition particulière, pour ordonner la mise en liberté des débiteurs qui ont souffert trois ans de détention, pour une somme inférieure à celle que détermine cet article.

Vainement objecterait-on que ce serait donner à la loi un effet rétroactif. Toutes les dispositions transitoires, dans la substitution d'une législation à une autre, présentent ce caractère; et pour ne pas chercher d'exemples étrangers à la matière qui nous occupe ici, il est certain qu'on prive le créancier d'un droit à lui conféré sous l'empire d'une législation précédente si l'on peut considérer comme un droit l'atteinte inutilement portée à la liberté d'un citoyen, et qu'on donne un effet rétroactif à la loi nouvelle, soit en ordonnant la mise en liberté d'un septuagénaire détenu pour une dette commerciale, soit en rendant à la liberté un détenu, pour dettes civiles, qui a déjà subi une détention de cinq ou de dix années; puisqu'il n'y avait pas d'exception à l'exercice de la contrainte par corps en faveur du premier; et qu'à l'égard du second aucune disposition législative n'autorisait son élargissement, après un laps de temps plus ou moins considérable.

Cependant, personne ne s'avisera de réclamer contre de telles dispositions, parce qu'en matière de liberté, on doit exécuter sans délai les lois qui tendent à la protéger; et la même considération déterminera sans doute la chambre des pairs à en faire ajouter une qui garantisse aux détenus actuels pour dettes commerciales l'application des art. 1 et 5 du projet de loi (1).

Enfin, si l'amendement que nous avons proposé sur l'art. 3 est accueilli; s'il est consacré en principe que la contrainte par corps n'a lieu, même pour des lettres de change, que lorsqu'elles ont été souscrites par des commerçans, il faudra nécessairement étendre le bénéfice de cette disposition à ceux qui se trouvent détenus en ce moment, et rendre à la liberté les militaires, les fils de famille, en un mot les personnes étrangères à la profession commerciale, qui n'ont souscrit en réalité qu'une obligation civile, sous la forme d'une lettre de change.

Art. 37. « Deux mois après la promulgation de la présente loi, les étrangers actuellement détenus pour dettes, et dont la détention aura duré, suivant la nature et la quotité de la dette, pendant le délai prescrit par les art. 9 et 10, obtiendront également leur élargissement. »

Nous ne répéterons pas ce que nous avons déjà dit, relativement à la durée de l'emprisonnement pour les étrangers.

Mais pourquoi cette affectation, dans toutes les circonstances, à établir une ligne de démarcation entre eux et les régnicoles? Ceux-ci obtiennent leur élargissement, *après un mois*, lorsqu'à l'époque de la publication de la loi leur détention a eu déjà la durée qu'elle détermine; et dans une situation semblable, c'est seulement *après deux mois* que l'étran-

---

(1) Notre observation actuelle n'a nullement pour objet d'abandonner les modifications que nous avons proposées sur ces deux articles, il s'agit seulement ici de solliciter en faveur des détenus actuels l'application de ces articles, tels qu'ils existeront dans le projet converti en loi.

ger est rendu à la liberté. Sans doute des droits précieux et des priviléges honorables doivent être attachés à la qualité de Français : mais quand il s'agit de justice et d'humanité, la loi française ne doit pas distinguer l'étranger du régnicole.

C'est à la suite de cet article que l'on pourra placer la disposition que nous avons indiquée, au sujet de l'art. 36, et qui sera commune aux deux articles, ainsi qu'à celui que nous avons proposé d'intercaler en faveur des détenus pour dettes commerciales.

Art. 38. « Les individus actuellement détenus pour amendes, restitutions et frais, en matière correctionnelle et de police, seront admis à jouir du bénéfice des art. 28 et 33, savoir : les condamnés à 15 fr. et au-dessous dans la huitaine, et les autres dans la quinzaine de la promulgation de la présente loi. »

La dernière partie de cet article nous paraît devoir être supprimée, d'autant que ni l'un ni l'autre des articles auxquels celui-ci se réfère n'ordonne l'élargissement du détenu sans délai.

Loin de là, l'art. 28, en autorisant le détenu pour condamnations pécuniaires, à la suite d'un procès correctionnel ou criminel, à demander sa liberté en justifiant de son insolvabilité d'après le mode prescrit par l'art. 420 du Code d'instruction criminelle, le soumet encore à une détention dont la durée est calculée suivant l'importance de la condamnation.

Quant à l'art. 33, il porte seulement qu'à l'égard de la partie qui a obtenu des condamnations civiles dans un procès criminel ou correctionnel, les effets de la contrainte par corps et la durée de la détention sont réglés par les dispositions relatives à la contrainte par corps en matière civile, lorsque ces condamnations excèdent 300 fr.

Ainsi, il suffirait d'ajouter, après avoir déclaré les art. 28 et 33 communs aux individus actuellement détenus pour amendes, restitutions et frais : « Que ceux dont la détention a duré pendant l'espace de temps fixé pour la contrainte par corps en matière civile seront sur-le-champ mis en liberté. »

Art. 39 et dernier. « La loi du 4 avril 1798 (15 germinal an 6) est abrogée.

« Il n'est aucunement dérogé ni aux dispositions des lois existantes concernant le bénéfice de cession, ni à celle du titre 13 du Code forestier, ni aux lois relatives à la contrainte par corps appliquée aux rétentionnaires des deniers publics. »

Peut-être était-il convenable de comprendre dans l'abrogation les dispositions du Code de procédure contraires à la présente loi.

On ne voit pas d'ailleurs la nécessité d'une confirmation expresse des lois concernant le bénéfice de cession, avec lesquelles la nouvelle loi n'a que des rapports assez éloignés. Peut-être sera-t-il convenable d'apporter plus tard quelques modifications dans cette législation spéciale : et, dès lors, il vaudrait mieux ne pas indiquer dans le dernier article, des lois qui conservent toute leur autorité en présence de la loi nouvelle sur la contrainte par corps.

Ici se termine la tâche que nous nous étions imposée.

La publicité donnée à un projet de loi semble provoquer une discussion préparatoire, avant celle qui doit s'ouvrir plus tard dans les chambres législatives ; et c'est là un des avantages de la liberté de la presse, d'offrir aux simples particuliers l'occasion d'apporter le tribut de leur expérience personnelle dans ces débats solennels, où de généreux efforts contribueront à fixer sur de larges bases l'édifice de notre législation.

Nous avons présenté un grand nombre de critiques de détail sur le nouveau projet de loi, en même temps que nous y avons reconnu plusieurs dispositions utiles : il nous a semblé qu'en suivant la division tracée par ses rédacteurs, on pouvait se rapprocher davantage du but qu'on s'était proposé, celui d'améliorer la législation existante sur la contrainte par corps.

Peut-être auraient-ils dû se tracer un plan plus vaste, et présenter sur cet objet important un système complet de législation qui dispensât de recourir à aucune loi antérieure, soit relativement au droit même de la contrainte par corps, soit relativement à la procédure à suivre dans l'exercice de ce droit rigoureux ; et par le même motif qu'on a compris dans le nouveau projet des dispositions relatives à la contrainte par corps à l'égard des étrangers, et à celle qui peut être exercée par suite de condamnations correctionnelles ou criminelles, quoiqu'elles eussent été jusqu'à ce jour l'objet de lois spéciales, il était peut-être convenable d'y fixer les règles particulières aux comptables, et aux rétentionnaires de deniers publics.

Relativement à la contrainte par corps, en matière civile, il était surtout convenable de fixer avec précision les cas où elle doit avoir lieu de droit, et ceux où il est permis aux juges de la prononcer ; afin de ne pas être obligé de consulter un grand nombre de dispositions, éparses dans le Code civil et dans le Code de procédure ; peut-être, d'ailleurs, en réunissant ces diverses dispositions, aurait-on reconnu la nécessité d'en modifier quelques-unes.

Quoi qu'il en soit, il importe de ne pas ajourner plus long-temps l'adoption d'une loi à laquelle se lient tant d'intérêts sacrés. Plus de onze ans se sont écoulés depuis la présentation du dernier projet; et, lorsque les réclamations des détenus pour dettes ont été souvent accueillies avec bienveillance dans les deux chambres, il faut enfin réaliser leurs justes espérances, en leur accordant le bienfait d'une loi plus en harmonie avec les mœurs et les besoins de la société.

Le projet de loi présenté par le garde des sceaux est susceptible d'un grand nombre d'améliorations : tout nous porte à croire que les nobles pairs et les conseillers de la couronne rivaliseront de zèle, pour défendre dans cette circonstance la cause de la raison et de l'humanité.

Nous résumerons ici, en peu de mots, les modifications les plus importantes qu'il nous paraît utile d'apporter dans les diverses parties du projet.

Relativement à la contrainte par corps, en matière commerciale, il conviendrait, 1° d'élever la quotité de la somme pour laquelle ce mode rigoureux d'exécution peut être autorisé; 2° de comprendre les septuagénaires parmi les personnes exceptées de la contrainte par corps; 3° d'affranchir les individus étrangers au commerce, de la contrainte par corps, lors même qu'ils auraient signé des lettres de change, à moins qu'il ne fût *légalement établi* que ces lettres de change ont pour cause des opérations de commerce ou de banque.

Relativement à la contrainte par corps en matière civile, il faudrait en abroger la durée dans les circonstances ordinaires; et réduire à cinq ans le *maximum* du délai pendant lequel la détention pourrait se prolonger, dans des cas extrêmement rares, qui seraient déterminés avec précision.

En soumettant les étrangers à la contrainte par corps, pour des dettes qui n'entraîneraient pas ce mode rigoureux d'exécution à l'égard des régnicoles, il faudrait que la durée de la détention fût la même pour les uns et pour les autres.

Dans les dispositions communes aux trois premiers titres de la loi, il faudrait consacrer en principe : 1° que l'appel du jugement qui prononce la contrainte par corps est toujours suspensif, quant à ce chef de condamnation ; 2° que pour obtenir son élargissement, à une époque quelconque, il suffit au débiteur de payer ou de consigner le capital et les intérêts de la dette ; 3° que le créancier ne peut plus exercer la contrainte par corps, quand il a reçu un tiers de la somme à lui due, et accepté pour les deux autres tiers une caution solvable, mais qui n'est pas tenue de se soumettre à la contrainte par corps.

A l'égard de la contrainte par corps en matière criminelle, correctionnelle ou de police, il convient : 1° de déterminer un délai après lequel le débiteur obtiendra de droit son élargissement, sans qu'il soit tenu de faire aucune justification ; 2° de poser en principe que, quelle que soit la quotité des dommages-intérêts qui lui ont été accordés, la partie civile ne peut s'opposer à la mise en liberté du condamné qui a subi sa peine, s'il offre une caution acceptée en justice, ou s'il justifie légalement de son insolvabilité.

Enfin, dans le titre qui contient les dispositions transitoires, il est indispensable de remplir la lacune que nous avons signalée, relativement aux détenus pour dettes commerciales, qui, comme les autres classes de détenus, doivent profiter des dispositions bienveillantes du nouveau projet.

Nous avons consacré à ce travail les instans dont la suspension des travaux judiciaires nous a permis de disposer ; et nous osons espérer que la Chambre des Pairs accueillera avec quelque bienveillance l'hommage de nos travaux.

L'intérêt de la justice et de l'humanité a seul guidé notre plume : aussi nous croirons-nous trop récompensé de nos

efforts, si l'examen consciencieux auquel nous nous sommes
livré fournit l'idée de quelque amélioration utile dans le projet soumis aux méditations de la chambre des pairs.

9 782329 698625